FILHAS DE PAI,
FILHOS DE MÃE

Dados Internacionais de Catalogação na Publicação (CIP)
(Câmara Brasileira do Livro, SP, Brasil)

Kast, Verena
  Filhas de pai, filhos de mãe : complexos materno e paterno e caminhos para a identidade própria / Verena Kast ; tradução de Markus A. Hediger. – Petrópolis, RJ : Vozes, 2022. – (Coleção Reflexões Junguianas)

Título original: Vater-Töchter Mutter-Söhne

3ª reimpressão, 2024.

ISBN 978-65-5713-312-5

1. Psicologia 2. Complexos (Psicologia) 3. Mãe e filho 4. Pai e filha 5. Individuação (Psicologia) 6. Psicologia junguiana 7. Separação (Psicologia) I. Título II. Série.

21-86627   CDD-154.24

Índices para catálogo sistemático:
1. Complexos : Superação : Psicologia   154.24

Maria Alice Ferreira – Bibliotecária – CRB-8/7964

Verena Kast

FILHAS DE PAI, FILHOS DE MÃE

Complexos materno e paterno e caminhos para a identidade própria

Tradução de Markus A. Hediger

Petrópolis

© 2012, 5ª. edição Verlag Herder GmbH, Freiburg im Breisgau

Tradução do original em alemão intitulado
*Vater-Töchter Mutter-Söhne. Wege zur eigenen Identität aus
Vater- und Mutterkomplexen*, Verena Kast.

Direitos de publicação em língua portuguesa – Brasil:
2022, Editora Vozes Ltda.
Rua Frei Luís, 100
25689-900 Petrópolis, RJ
www.vozes.com.br
Brasil

Todos os direitos reservados. Nenhuma parte desta obra poderá ser
reproduzida ou transmitida por qualquer forma e/ou quaisquer meios
(eletrônico ou mecânico, incluindo fotocópia e gravação) ou arquivada em
qualquer sistema ou banco de dados sem permissão escrita da editora.

CONSELHO EDITORIAL

Diretor
Volney J. Berkenbrock

Editores
Aline dos Santos Carneiro
Edrian Josué Pasini
Marilac Loraine Oleniki
Welder Lancieri Marchini

Conselheiros
Elói Dionísio Piva
Francisco Morás
Gilberto Gonçalves Garcia
Ludovico Garmus
Teobaldo Heidemann

Secretário executivo
Leonardo A.R.T. dos Santos

PRODUÇÃO EDITORIAL

Aline L.R. de Barros
Jailson Scota
Marcelo Telles
Mirela de Oliveira
Natália França
Otaviano M. Cunha
Priscilla A.F. Alves
Rafael de Oliveira
Samuel Rezende
Vanessa Luz
Verônica M. Guedes

Editoração: Fernando Sergio Olivetti da Rocha
Diagramação: Sheilandre Desenv. Gráfico
Revisão gráfica: Alessandra Karl
Capa: Editora Vozes
Ilustração de capa: Mandala produzida por uma paciente de Jung e
reproduzida por ele em *Os arquétipos e o inconsciente*, vol. 9/1 da Obra
Completa. 5. ed. Petrópolis: Vozes, 2007, p. 341, nota 182.

ISBN 978-65-5713-312-5 (Brasil)
ISBN 978-3-451-61114-8 (Alemanha)

Este livro foi composto e impresso pela Editora Vozes Ltda.

Agradecimentos

Quero agradecer a todas as pessoas que me deram a possibilidade de conhecer as muitas facetas dos complexos materno e paterno. Agradeço especialmente àqueles que me permitiram usar as histórias de impacto de seus complexos como base para este livro.

Sumário

Introdução, 9

"Farei tudo diferente" – O desligamento apropriado à idade, 13

"Não adianta me envolver" – Complexos e memória episódica, 36

"O mundo deve apreciar alguém como eu" – O complexo materno originalmente positivo no homem, 49

"Depois de uma boa refeição você suporta quase tudo" – O complexo materno originalmente positivo na mulher, 67

Viver e deixar viver – Os aspectos típicos nos complexos maternos originalmente positivos, 83

Agressão e queixa – Desligamento do complexo materno originalmente positivo, 102

"Pai orgulhoso, filho maravilhoso" – O complexo paterno originalmente positivo no filho, 146

Filhas atenciosas – O complexo paterno originalmente positivo na mulher, 158

"Uma pessoa ruim num mundo ruim" – O complexo materno originalmente negativo na mulher, 184

"Como que paralisado" – O complexo materno originalmente negativo no homem, 196

"Pisoteado e aniquilado" – O complexo paterno originalmente negativo no homem, 208

"No fundo, não presto para nada" – O complexo paterno originalmente negativo na mulher, 229

Tomada de terra no território desconhecido – Conclusões, 237

Referências, 246

Índice analítico, 251

Introdução

Hoje em dia já é de conhecimento psicológico geral amplamente difundido que as pessoas *têm* complexos materno e paterno. Quando, por exemplo, um homem sempre procura uma mãe em suas namoradas ou procura diretamente namoradas maternais, então, para a maioria das pessoas, o diagnóstico é claro: o homem tem um complexo materno. O que as pessoas querem dizer com isso é que, de alguma forma, esse homem não se desprendeu de seu vínculo com a mãe de acordo com aquilo que sua idade exigiria, que ele permaneceu preso numa fase de desenvolvimento ou que ele é simplesmente uma pessoa que precisa de uma *mãe*. É de conhecimento geral também que há algo de errado quando isso acontece. Em casos assim, a sabedoria popular fala de "filhinhos da mamãe". Algo semelhante se aplica ao *"fils à papa"*, ao filho que continua sendo filho de seu pai. No entanto, a expressão um tanto nobre já mostra que, na nossa sociedade, o complexo paterno do filho é considerado menos problemático. Quando uma mulher demonstra uma preferência por homens que são consideravelmente mais velhos do que ela, diagnosticamos um complexo paterno e, assim, a acusamos tacitamente de não ter se desligado do pai. Quando ela permanece do lado da mãe por tempo demais ou copia descaradamente o estilo de vida de sua mãe, as pessoas, que se sentem prejudicadas por esse comportamento, dizem que a mulher tem um complexo materno. No entanto, é também possível que esse complexo nem cause incômodos.

À primeira vista, esses dois complexos fundamentais parecem representar um fato muito simples, que, evidentemente, está ligado ao fato de que a maioria das pessoas é criada e cunhada pelo pai e pela mãe. A ausência do pai ou da mãe nesse processo é claramente percebido e criticado pela nossa sociedade. Esse conceito que, a princípio, parece ser tão natural e lógico, é um conceito muito complicado, que – e o conhecimento geral já nos sugere isso – está diretamente vinculado ao desenvolvimento do ser humano. O complexo do eu de um ser humano deve se desligar na *idade adequada* dos complexos materno e paterno para que a pessoa possa cumprir seus desafios de desenvolvimento na idade adequada e dispor de um complexo do eu coerente – de um *eu suficientemente forte*, que lhe permita enfrentar os desafios da vida, lidar com as dificuldades e extrair certa medida de prazer e satisfação da vida.

O conceito dos complexos é um dos conceitos centrais da psicologia junguiana. Por isso não surpreende que, na descrição dos analisandos, nos deparamos frequentemente com afirmações do tipo: "Ele tem um complexo materno positivo". Ou: "Ela tem um complexo paterno dominante". Essas são afirmações sobre a cunhagem fundamental dessa pessoa, que também nos diz algo sobre as dificuldades específicas, mas também sobre as possibilidades especiais na vida dessa pessoa. Descrições de casos e também vinhetas de casos dentro da psicologia junguiana costumam se referir a esses complexos; o próprio Jung nos deixou várias descrições de imagens de complexos individuais[1]; pelo que sei, porém, os complexos materno e paterno nunca foram apresentados numa visão geral. Quero fazer isso neste livro, pois acredito que, no contexto dos resultados obtidos pela observação de bebês, o conceito dos complexos sofrerá uma atualização. Nesta visão geral, só poderei descrever formações de complexos típicos. Visto que nenhuma pessoa é determinada *somente* por um complexo materno, visto que o complexo paterno também sempre exerce algum papel e o complexo do eu influencia a interação com os complexos determinantes de modo muito diferenciado, dependendo da respectiva situação de vida – que pode variar extremamente de uma pessoa para a outra –, raramente os complexos se apresentam na forma *pura* que eu descreverei aqui, mas eles nos transmitem uma noção daquilo que compõe a atmosfera especial de cada complexo. O efeito conjunto dos complexos – e aqui precisariam ser contemplados também outros complexos, especialmente os complexos fraternos – pode ser representado satisfatória e metodicamente em descrições detalhadas de casos[2]. E a literatura junguiana tem feito isso repetidamente[3]. Aqui, porém, não apresentarei uma resenha abrangente dessa literatura. Pretendo formular minha visão dos complexos da forma que eles se apresentaram a mim em mais de vinte anos de trabalho com meus analisandos para que ela possa ser devidamente discutida.

Falarei em grande detalhe sobre o complexo maternos originalmente positivo, pois parece-me que este foi excessiva-

---

1. Jung, OC 9/1, § 138ss.; OC 4, § 304ss.

2. Kast, 1990, p. 179ss.

3. Von Franz, 1970; Jacoby, 1985; Dieckmann, 1991, p. 128, 146. Dieckmann não só contribui com vinhetas de casos, mas também tenta apresentar uma teoria geral dos complexos como teoria geral das neuroses.

mente ignorado pela discussão e, também, porque, num mundo cada vez marcado pelo complexo paterno, se manifesta cada vez mais um anseio por valores que pertencem ao complexo materno e que, juntamente com a desvalorização do feminino, também foram desvalorizados e foram relegados para a sombra, mas que fazem grande falta nos dias de hoje. No contexto do complexo materno, costuma-se falar muito rápido na *mãe devoradora*, legitimando-se assim subliminarmente o patriarcado ou, no mínimo, o androcentrismo[4]. Em minhas explicações, quero evitar também que, como observamos frequentemente hoje em dia, a *imago* paterno do complexo paterno seja precocemente inocentada, ao mesmo tempo em que a *imago* materna é apontada como culpada[5]. Minha intenção não é, portanto, apenas descrever esse complexo, mas também corrigir essas distorções – na medida do possível.

Evidentemente, esses complexos são também complexos que surgem numa cultura patriarcal. Durante a leitura, o leitor poderá ter a impressão de que também pretendo confirmar e reforçar estados dominantes no presente. Isso seria totalmente contrário às minhas intenções. Quero descrever esses complexos para que percebamos onde eles nos cunharam para que, em seguida, por meio da sua identificação e conscientização, nós possamos nos desligar deles para nos tornar pessoas mais autônomas e mais capazes de nos relacionar.

---

4. Rhode-Dachser, 1991, p. 201.
5. Ibid., p. 193.

"Farei tudo diferente"
O desligamento apropriado à idade

Quando falo de complexos originalmente positivos, isso significa que, originalmente, esses complexos exercem um efeito positivo sobre o gosto de viver e, portanto, também sobre o desenvolvimento da idade da respectiva pessoa, e continuariam a exercê-lo se tivesse ocorrido um desligamento na idade apropriada.

O complexo materno originalmente positivo dá à criança a sensação de um direito de existência inquestionado, a sensação de ser interessante e de ter parte num mundo que lhe dá tudo o que ela precisa – e um pouco mais. Por isso, esse eu confiante consegue estabelecer um contato com um *outro*. O corpo é a base desse complexo do eu[6]. Com base num complexo materno positivo, as necessidades físicas são vivenciadas como algo *normal* e podem ser satisfeitas normalmente. Existe uma relação de alegria natural com o corpo, com a vitalidade, com a comida, com a sexualidade. O corpo pode também expressar emoções e é capaz de aceitar e absorver essas expressões também quando elas vêm de outras pessoas. Esse complexo do eu assim fundamentado pode se delimitar na experiência do corpo com outra pessoa, sem ter medo de

---

6. Jung, OC 3, § 82s.

se perder nesse processo. Além da intimidade física, ele pode compartilhar também uma intimidade psíquica. De modo geral, compreendemos outras pessoas e, na maioria das vezes, somos compreendidos. Outras pessoas contribuem para o nosso bem-estar psíquico – e nós podemos contribuir para o bem-estar dos outros. Uma pessoa que pode contar com o interesse e a compreensão de outros e que vivencia certa abundância de amor, cuidado, compreensão e aconchego desenvolverá uma atividade saudável do eu.

O mais tardar na adolescência (puberdade e pós-puberdade até o vigésimo ano de vida), a idealização das figuras dos pais deveria ser suspensa. Pois a idealização da posição dos pais sempre significa implicitamente uma desvalorização da posição da criança. É nesse tempo que os complexos materno e paterno costumam ser conscientizados. O desligamento ocorre essencialmente dos pais como pessoas; nesse processo, porém, os complexos exercem um papel que não deve ser subestimado, pois cada cunhagem por complexos permite determinados passos de desligamento e impede outros. Se sempre era proibido sair de casa ou defender pensamentos diferentes dos do pai, esses aspectos especiais dos complexos são nitidamente vivenciados, e os jovens são obrigados a lutar contra isso ou desistir mais uma vez do desligamento. Por vezes, eles conseguem secretamente obter com outras pessoas aquilo que está ausente no sistema materno e paterno. Mas isso pressupõe certa força do eu, pressupõe que o desligamento tenha ocorrido – talvez de modo não totalmente aberto, porque o modo aberto não era permitido, ou então estamos lidando com um jovem que, a despeito das cunhagens, apresentam um forte impulso para a autonomia.

O desligamento é um compromisso entre aquilo que a própria vida exige de uma pessoa e aquilo que o ambiente exige, ou seja, pai e mãe, os professores, a classe social em que vivemos. Fases nítidas de desligamento, como, por exemplo, a adolescência, estão ligadas a uma atmosfera de partida, são fases de revolução. O complexo do eu se reestrutura, isto significa que existe uma autoestima frágil. Vivenciar certa solidariedade com os pais seria importante, mesmo que seja necessário se opor a eles. Precisamos dos pais dos quais nos desligamos. É por isso que afirmações dos complexos que proíbem de forma fundamental o desligamento ou que ameaçam o jovem com a perda de amor ou da dignidade são tão problemáticas. O grupo de amigos pode até oferecer certa rede de segurança e acolhimento, mas jamais é capaz de substituir o confronto amoroso, doloroso e sincero com os pais. No confronto com os pais, estes também apresentam uma autoimagem que, às vezes, o jovem ainda não conhecia. No conflito com a autoimagem do pai e da mãe o jovem determina sua própria autoimagem. O filho percebe o que os pais não viveram e, via de regra, elevam isso a um valor que agora, ele, pretende viver. Por vezes, isso gera sentimentos de inveja quando o jovem vive aquilo que eles tinham negado a si mesmos. O não vivido, aquilo que deveria ter sido vivido, a sombra, assume uma importância especial.

Os adolescentes, porém, não se desligam apenas dos pais, o desligamento ocorre também dentro de uma faixa etária. Existe também uma sombra coletiva, que costuma ser acolhida pelos jovens com entusiasmo e criatividade e é transformada num estilo de vida. No final da década de 1960 e na década de 1970, os filhos de bons trabalhadores se transformaram de repente em *hippies*, caracterizados pela vivência artística, pelo eros e pela sensualidade. Num nível coletivo, de repente, os aspectos do complexo materno positivo estavam sendo celebrados num mundo dominado pelo complexo paterno. Podemos reconhecer esses desenvolvimentos até em suas roupas. Os filhos de pais que usam calças *jeans* apresentam uma sensibilidade extraordinária para roupas de marca.

Na adolescência, a mãe pessoal e o pai pessoal podem ser substituídos por pais e mães suprapessoais, como os que conhecemos nas religiões. Na pedagogia religiosa, falamos do *rigorismo religioso* nessa idade, querendo dizer que perguntas religiosas são elevadas a um nível absoluto. É fácil entender isso do ponto de vista psicológico: já que o jovem se encontra numa crise de identidade, ele busca orientação. Já que a orientação não pode mais provir dos pais pessoais, os arquétipos por trás dessas figuras são reavivados da maneira em que eles se manifestam nos sistemas de valor coletivos. Assim, o jovem pode desenvolver um forte interesse por determinadas correntes religiosas, um compromisso com um deus ou uma deusa cuja mensagem ele quer levar para a vida. Por um tempo, ele se transforma em *filho de um poder supremo*, o que estabiliza a autoestima na medida certa para se afastar dos pais e renunciar aos seus cuidados. Mas o que o jovem nessa situação vivencia como algo muito individual, o *caminho totalmente meu*, é, via de regra, um caminho bastante coletivo, que também virá a exigir processos de desligamento se ele quiser realmente encontrar seu caminho próprio. Da mesma forma, a imagem de Deus de uma pessoa também está sujeita a mudança: se compararmos as imagens de Deus da nossa vida – se é que chegaram a exercer um papel – constataremos que elas mudam. E também uma violenta convicção política na fase da adolescência pode ser explicada com a projeção dos complexos materno e paterno sobre as promessas de programas políticos. A diferença entre um empenho arraigado em complexos e um *envolvimento normal* se manifesta no fato de as convicções serem sagradas, que se fala rapidamente em *traição* e que a política é vista não como uma possibilidade de moldar o convívio entre as pessoas da forma mais suave e sensata, mas como uma expectativa de salvação. E assim as decepções já estão pré-programadas.

Em geral, podemos dizer que, na fase de desligamento, pessoas que não são pai e mãe, mas sobre as quais o jovem pode projetar aspectos paternais e maternais, exercem alguma função, e o mesmo vale para as imagens de deidades paternais e maternais em conjunto com todos os seus respectivos programas de vida.

A adolescência do menino

Blos: Freud e o complexo paterno

Em seu artigo "Freud e o complexo paterno", Peter Blos desenvolve uma tese interessante sobre a adolescência masculina[7]. Blos começa perguntando por que existe tanta rivalidade, concorrência e rebeldia entre os adolescentes do sexo masculino e seus pais. Já que, segundo Blos, muitas vezes, essa fase não transcorre de forma boa, os problemas irresolvidos são transferidos para a vida inteira. Blos postula que, aqui, estamos lidando com um resquício da primeira infância. A sua tese afirma: na primeira infância, o pai permite ao filho resistir à total dependência da mãe. Durante a vida inteira, ele apoia os esforços voltados para o futuro, o desenvolvimento psíquico e físico.

---

7. Blos, 1987, p. 39-45.

O pai oferece apoio na luta contra a regressão, na luta contra o dragão. (Aqui, deparamo-nos com a fantasia masculina de que o pai está a serviço da pulsão da vida.) Na puberdade do homem o amor pela mãe reacende, isto é, o complexo materno – misturado com elementos da *anima* – é constelado de modo novo, mas com isso desperta também novamente o medo da dependência primária da mãe. Blos: Como na primeira infância, o filho precisaria do pai como apoio para as tendências progressivas na vida. E também a relação da primeira infância com o pai é reativada na adolescência. Mas esse relacionamento amoroso não pode mais existir, caso contrário o filho permaneceria filho do pai e trairia o princípio da individuação. Por isso ocorre uma forte rebeldia contra o pai. Essa rivalidade, acredita Blos, é mais violenta quanto mais os dois homens se amavam e ainda se amam. Nesse contexto, Blos desenvolve uma segunda tese: a sexualidade premente do adolescente serviria muito mais ao desligamento do pai do que ao relacionamento com a mulher; ela deveria ser entendida como distanciamento premente do pai.

Blos fala pouco do desligamento da mãe, algo que me surpreende – de outro lado, porém, não. Ele acredita que, quando o confronto com o pai é bem-sucedido e assim cessa a idealização do pai, o filho, respeitado pelo pai, conseguiria seguir seu caminho. No entanto, de acordo com a psicologia profunda, deve ocorrer também um desligamento da mãe e, depois, do complexo materno, caso contrário o complexo materno com todas as suas expectativas implícitas será transferido para a namorada e parceira. Se o jovem apenas se afastasse da mãe e assim a desvalorizasse, muitos aspectos do complexo materno e os respectivos elementos da *anima* também precisariam ser separados e desvalorizados. Isso faria com que o materno, mas também o feminino, provocasse muito medo e tivesse que ser reprimido ainda mais. Sempre me surpreendo com a frequência com que as diversas teorias recorrem à expressão *mãe devoradora*[8] e com que facilidade também mulheres adotam essas expressões. Elas se identificam com o agressor? Muitas vezes falam de mães concretas. É essencial conscientizar-se de que as mães de nossos complexos não são simplesmente congruentes com nossas mães concretas e que também é ilícito confundir figuras arquetípicas com nossas figuras relacionais concretas. Sabemos que os medos surgem principalmente quando reprimimos algo. De certa forma, o medo nos apresenta aquilo que reprimimos para que nós nos ocupemos com isso, porque, evidentemente, aquilo necessariamente faz parte da nossa vida. Deveríamos nos perguntar se a desvalorização do feminino, a convicção de que um confronto com a mãe e com o complexo materno é desnecessário no processo masculino de encontrar sua identidade não torna essas mães, o materno e o feminino muito mais perigosos do que realmente são. As teorias das *mães devoradoras* são, todas elas, teorias de homens e, pelo que sei, podem ser encontradas em todas as escolas da psicologia profunda.

Blos, e isso é muito interessante, demonstra sua tese com o exemplo de Freud. Blos considera fato comprovado que Freud tinha um relacionamento muito próximo com seu pai Jakob, um laço emocional intensivo ainda na idade adulta. Em cartas, Freud escreve que ele era o preferido declarado daquele homem temido. Ele descreve seu pai como homem "de profunda sabedoria e de uma mente fantasticamente leve"[9]. Fisicamente, compara seu pai com Garibaldi, uma figura heroica.

---

8. Rhode-Dachser, 1990, p. 45.
9. Blos, 1987, p. 42.

Sobre si mesmo, afirma que estava disposto a fazer tudo para permanecer o queridinho declarado desse pai. O complexo paterno originalmente positivo de Freud se manifesta em sua vida posterior em suas amizades quase exclusivamente com homens, que ele transformava – como no caso de Jung – em relacionamentos entre pai e filho. Jung, vinte anos mais novo, logo se sentiu esmagado pelo *pai Freud*. Blos identifica aqui uma transferência; Freud também sempre se sentia sufocado pelo pai por ele idealizado, para o qual ele queria trazer fama e glória. Freud passou por uma crise existencial quando, aos 40 anos de idade, em 1896, perdeu seu pai. Antes dessa morte, Freud apresentou um comportamento curioso: o pai estava no leito de morte, mesmo assim o filho viajou de férias por dois meses. Freud se atrasou para o enterro porque tinha perdido tempo no barbeiro. Esse comportamento surpreendeu o próprio Freud e o levou a fazer uma autoanálise. O primeiro livro que resultou dessa autoanálise foi a *Interpretação dos sonhos*. O desligamento do pai se tornou inevitável; Freud entrou numa crise de identidade, que ele conseguiu aproveitar criativamente; e assim nasceu a psicanálise. No prefácio, Freud escreveu: "A interpretação dos sonhos é uma reação ao evento mais significativo, à perda mais marcante na vida de um homem"[10]. Só pode afirmar isso quem preservou uma relação emocional totalmente idealizada com o pai. Dois anos depois da morte do pai, Freud descobriu o complexo de Édipo e, segundo Blos, ele ignorou o papel do pai ao interpretar esse complexo. Como sabemos, o oráculo na lenda de Édipo disse que o filho, parido por Jocasta, mataria Laio, o pai. Então Laio tomou o garoto renascido, perfurou seus pés para que

---

10. Freud, *Traumdeutung*; apud Blos, 1987, p. 43.

não conseguisse andar nem mesmo como espírito e o largou no topo de uma montanha. Ou seja, tentou matar o filho. Muitas interpretações, inclusive a de Freud, ignoram que o pai entregou o filho ao destino fatal[11].

Onde começa a esfera do nosso complexo, costumamos ser determinados pelo complexo e não pela objetividade.

Depois da morte, Freud se desligou do pai, a idealização foi suspensa e, com isso, provavelmente também a desvalorização implícita do filho, e então se inicia um desenvolvimento notável e uma grande produtividade criativa.

Com esse estudo interessante, Blos nos deu uma prova clara de que as nossas teorias têm a ver com nossas constelações de complexos. Isso pode também ser uma das razões pelas quais existem diferentes teorias para a mesma coisa: por causa de diferentes cunhagens de complexos os mesmos fenômenos são vistos e avaliados de modo diferente. A teoria de Blos que afirma que a sexualidade premente em adolescentes serve principalmente para o desligamento do pai poderia explicar, por exemplo, por que a sexualidade indubitavelmente importante do ser humano ocupa uma posição tão central na teoria freudiana.

A psicanálise é vista como ciência patriarcal num mundo patriarcal. Na discussão teórica da psicanálise, a mulher ocupa uma posição marginal – se é que chega a tanto[12]. Mas também na nossa cultura ela precisa lutar para conquistar os espaços merecidos para além dos espaços limitados que lhe são atribuídos ou para simplesmente se instalar de modo humanamente normal nos espaços que lhe são adequados. Mui-

---

11. Cf. tb. Dieckmann, p. 130ss.
12. Rhode-Dachser, 1991, p. 14ss.

tas vezes, a mulher ainda é vista apenas em relação ao marido ou ao filho. Isso, porém, nega-lhe uma identidade original, ela só existe em relação ao marido, possui, portanto, uma identidade derivada[13]. O fato de mal existir um lugar para a mulher na teoria da psicanálise se torna mais compreensível quando sabemos que a psicanálise surgiu a partir do conflito com um complexo paterno dominante. Recebemos, além disso, uma dica metódica: quando o complexo é muito dominante, a análise dos sonhos, a análise do inconsciente, parece oferecer uma ajuda no processo de desligamento. No entanto, precisamos nos perguntar se o desligamento do homem já progrediu o suficiente, se as mulheres de hoje ainda dizem que é muito difícil determinar o *lugar da mulher* na psicanálise[14]. Não faltam aí também a reativação e o processamento do complexo materno?

Mas será que foi apenas o complexo paterno pessoal de Freud que fez com que sua teoria fosse tão androcêntrica? Jung que, durante a vida toda, nutriu um fascínio pelo arquétipo da Grande Mãe, cuja psicologia como um todo apresenta um compromisso muito maior com o pensamento matriarcal – embora ele também tenha tido um relacionamento complicado com seu pai – descreveu a mulher, quando realmente escrevia sobre a mulher, também apenas em relação ao homem. Com base em seu conceito de individuação, ele não deveria ter se permitido fazer isso. Mas ambos os pesquisadores trabalharam num tempo em que as mulheres só tinham um direito de existência como mães e filhas. Cabe a nós, mulheres de hoje, identificar as restrições que resultam para nós também

---

13. Rhode-Dachser, 1990, p. 42ss.; Kast, 1991, p. 65ss.
14. Rhode-Dachser, 1990, p. 42ss.

na teoria e reformular essas teorias de acordo com nossa própria psicologia e tentar descrever o "lugar das mulheres"[15].

A adolescência da menina

Na adolescência da menina os complexos materno e paterno também são reavivados. O primeiro plano é ocupado pelo complexo paterno misturado com formas de *animus* próximas ao complexo paterno. Qualidades de vida que foram vivenciadas com o pai são transferidas para um namorado e/ou para a vida espiritual-intelectual. Qualidades de vida que não foram vivenciadas são procuradas em outros homens ou no mundo do espírito.

Nas meninas podemos identificar duas formas diferentes de socialização: algumas têm um namorado e, muitas vezes, vivem a relação como casal muito cedo, as outras se dedicam nitidamente à vida intelectual. Dependendo da cunhagem sofrida pelo respectivo complexo materno, elas podem viver muito distantes do corpo; com uma cunhagem mais positiva pelo complexo materno – mesmo que esta permaneça inconsciente – o corpo simplesmente faz parte, sem que se faça muito estardalhaço em torno dele. O mundo intelectual, ao qual essas meninas se sentem ligadas, pode ser um mundo fascinante cheio de inspiração, aventuras intelectuais e experiências espirituais, mas pode também ser um mundo no qual se acumula muito conhecimento, se adquire uma visão geral daquilo que já foi pensado no passado. Inteligência e esperteza sempre fazem parte disso.

---

15. Kast, 1984, p. 157ss.

Por vezes, ambas as formas de socialização ocorrem juntas. A ligação com o complexo paterno e a idealização subliminar do paterno são preservadas em ambas as formas de socialização.

Para as mulheres, o problema consiste no fato de que o desligamento do complexo paterno não é exigido pela sociedade tradicional. A mulher cumpre o papel social quando tem um namorado ou um parceiro, e parece ser de importância secundária se ela desenvolve uma identidade própria. Em termos exagerados, isso significa que a nossa sociedade sugere a uma mulher adolescente que ela é "normal", uma mulher de verdade – mesmo que não tenha uma identidade própria – quando ela depende de um homem que lhe atribua uma identidade[16], isto é, quando a presença de um homem lhe transmite a sensação de ser ela mesma e quando, nessa relação, o homem pode lhe dizer o que ela deve ser, o que ela deve sentir e como ela deve se comportar. Se ela ousar viver de acordo com suas próprias ideias, ela deixa de ser uma mulher "de verdade" aos olhos dos homens. Se a opinião dos homens for importante e determinante para ela, a crítica dos homens ou a lançará numa crise de identidade ou ela voltará a se adaptar. A crise de identidade lhe ofereceria a chance de encontrar seu próprio si-mesmo.

Mulheres que não desenvolvem uma identidade original, que não se desligam do complexo paterno e que não se confrontam com o complexo materno ou não desenvolvem uma identidade própria por outras razões, costumam reagir a separações com depressões. Em situações de separação, é preciso

---

16. Kast, 1992, p. 94; 1991, p. 65ss.; Flaake e King, 1992.

Filhas de pai, filhos de mãe

reorganizar-se, abandonar o si-mesmo relacional e encontrar o si-mesmo original[17], mas isso só é possível se houver algum início de um si-mesmo próprio. Emily Hancock, ao analisar mulheres muito autoconfiantes, disse que elas tinham reencontrado o acesso à sua "menina interior" e assim trouxeram à tona seu eu verdadeiro, muitas vezes após longos anos de heteronomia[18]. Carol Hagemann-White deduz que, no início da adolescência, a menina autoconfiante e competente perde, muitas vezes, o seu si-mesmo e passa a se orientar pela imagem ideal de seu ambiente[19].

Mesmo que essa constatação assim generalizada seja um pouco exagerada e isso não ocorra exclusivamente assim em cada constelação de complexos, podemos sim constatar com frequência que – quando perguntamos às mulheres por sua existência como menina – por volta do décimo ano de vida ainda existia uma personalidade essencialmente mais autônoma e interessante. Ao se adaptar a menina perde aspectos importantes de seu si-mesmo original. Isso mudaria se as meninas fossem elogiadas mais por sua originalidade do que por sua adaptação e se as mulheres não fossem vistas apenas em relação ao homem.

Sabemos de mulheres em profissões com muita responsabilidade que, para elas, o papel do pai era muito atraente[20]. Essas mulheres mostram de forma muito clara a problemática da adolescência de mulheres. Bernardoni e Werder descobriram que oito em dez mulheres em profissões bem-su-

---

17. Kast, 1991.
18. Hancock, 1989.
19. Hagemann-White, 1992; apud Flaake e King, p. 64-83.
20. Bernardoni e Werder, 1990; apud *Ohne Seil und Haken...*

cedidas tinham pais acadêmicos que as criaram como filhas autônomas e independentes. As mulheres descreviam seu pai como dinâmico, ativo, inteligente, ambicioso e liberal. O pai se tornou modelo, a mãe foi rejeitada. Também o papel limitado da mulher é rejeitado, porque elas também não conseguiam aceitar a passividade da mãe. Quando eram perguntadas como tinham lidado com os problemas de identidade na adolescência, a maioria respondeu que tinha trabalhado e estudado ainda mais. Descobriram que o desempenho pode ser uma compensação para problemas de identidade. Quase todas essas mulheres estão casadas; isso faz parte da imagem do complexo paterno positivo. De um lado os homens são vivenciados como atraentes e confiáveis, de outro, a mulher com um complexo paterno positivo faz o que se faz em determinada sociedade. Se o normal é casar-se, ela também se casa.

Esta é uma forma da socialização feminina nos dias de hoje: não desligada do complexo paterno, mas com um trabalho no mundo do pai que é realizado com grande sucesso, pelo qual a mulher é recompensada. O fato de que sua identidade feminina é frágil é percebido quando a compensação por meio do desempenho se torna impossível ou quando ocorre uma situação de separação. Então precisa ocorrer o confrontamento com a mãe e com o complexo materno específico.

Seria fundamentalmente importante para todas as mulheres – pois no nosso mundo androcêntrico, todas nós somos marcadas por complexos paternos, independentemente de como nosso próprio complexo paterno se apresenta – que elas se ocupassem sempre de novo com sua identidade vivenciada e com suas rupturas de identidade e não se rendessem simplesmente às teorias que lhes dizem como deve ser a identidade feminina. A busca pela identidade, a vivência de identidade em diferentes situações de vida deveria ser descrita. Os grupos de mulheres deveriam discutir sobre isso[21]. Parafraseando Christa Wolf: "Nenhum lugar. Em lugar algum". Entre as mulheres, o clamor por um lugar próprio deve ser ouvido. Mas as mulheres não devem permitir que esse lugar lhes seja atribuído, não por outras mulheres, muito menos pelos homens. Elas devem identificar e ocupar esse lugar de uma maneira que corresponda a elas.

O confronto com a mãe

A fim de encontrar sua própria identidade, a mulher adolescente deve encarar a mãe e o complexo materno. Se não fizer isso, ela onera o relacionamento não só com as projeções das experiências com o pai e das expectativas ao pai não satisfeitas, mas também com os problemas com a mãe e com as exigências não satisfeitas que ela fazia à mãe.

O desligamento da mãe ocorre num campo complicado. Por um lado, esse desligamento não é exigido – à primeira vista, até com razão, pois para a mulher o objetivo do desligamento não é deixar de cultivar uma relação com sua mãe, o propósito não é uma autonomia entendida como ausência de ligação. No caso ideal, o desligamento da mulher adolescente de sua mãe deveria ocorrer de tal forma que um novo relacionamento com ela se tornasse possível, um relacionamento no qual os aspectos do complexo da relação infantil estivessem processados. Por isso um desligamento é necessário,

---

21. Kast, 1992, p. 51ss.

mesmo que não com o objetivo de uma separação definitiva, mas com a intenção de possibilitar uma forma corrigida de relacionamento[22].

No decorrer do tempo, a mãe também desenvolve um complexo de filha em relação à sua filha e um complexo de filho em relação ao seu filho, só que, curiosamente, ninguém fala disso! O mesmo vale naturalmente para o pai. Quando mães ou pais falam sobre seus filhos e filhas ou se queixam deles, nós costumamos ver isso como problemas *reais*, mesmo que, nesses relacionamentos, os complexos também exerçam um papel.

Também em relação a filhos individuais existem conjuntos de complexos – agora no sistema da mãe ou do pai. Eles têm expectativas em relação aos filhos que ultrapassam em muito a individualidade do respectivo filho e que, dependendo da idade, divergem. Durante o desligamento dos adolescentes, são ativados no pai e na mãe passos de desligamento necessários de seus próprios pais[23]. Parece-me, porém – e isso é algo que deveria ser pesquisado mais a fundo –, que seria importante também um desligamento de complexos de filho e filha estabelecidos pelos próprios filhos e que isso facilitaria o desligamento dos adolescentes.

Hoje existem mães que preenchem papéis muito diferentes. Sandra Scarr[24] demonstra, por exemplo, que filhas de mães que exercem uma profissão satisfatória têm mais autoconfiança enquanto mulher e apresentam uma disposição muito menor de aceitar posições de dependência de homens,

---

22. Stern; apud Flaake e King, 1992, p. 254ss.
23. Kast, 1991, p. 53ss.
24. Scarr, 1987, p. 32.

mesmo que tenham um complexo paterno mais positivo. Para elas, o confronto com a mãe se torna mais fácil, pois não precisam primeiro devolver o valor à mãe.

Mas não é somente a mãe pessoal que exerce um papel no desligamento da filha, não é somente o papel da mulher como mãe na sociedade que influencia a temática do desligamento, são também as imagens arquetípicas do feminino, aquilo que é geralmente considerado como feminino. E sempre de novo surge a noção de que o *feminino* seria algo perigoso. Visto que as grandes deusas representam o nascimento e a morte, a fertilidade e a seca, o amor e o ódio, a tensão entre a grande riqueza da vida, entre a plenitude e a morte é vinculada ao poder de mulheres individuais. Projetar essas experiências arquetípicas sobre a mulher individual é ilícito. Nessa projeção, o medo do poder da mulher assume uma forma, o medo que provém também do fato de que a mulher é desvalorizada ou idealizada, mas não é levada a sério em sua essência. Nenhuma mãe representa a morte, mesmo que ela tenha dado a vida a uma criança e assim a colocou numa vida em cujo fim a morte a espera. Para a mulher adolescente, tais conceitos da mulher, com os quais ela é confrontada diariamente através de comerciais, filmes e literatura, significam que suas raízes são perigosamente ambivalentes.

De outro lado, os deuses estão muito mais presentes do que as deusas. Nesse ponto, porém, muito tem acontecido nos últimos anos. O fato de que, hoje, as mulheres pesquisam as diferentes deusas – e não só o aspecto materno das deusas – e as trazem à consciência mostra como é essencial a mulher saber que ela é apoiada por uma deusa e não só por um deus, ou seja, que é importante também para a mulher ter uma identidade original e não uma identidade emprestada de um deus homem. É importante que o feminino arquetípico, na forma em que ele se apresenta a nós nos dias de hoje, seja descrito sempre de novo e assim seja conscientizado. Com isso, a limitação da mulher como aquilo que gera a vida e traz a morte é ampliada até alcançar toda a rica amplitude que caracteriza a vida feminina e as deusas.

Essa mudança na consciência coletiva que se anuncia nitidamente deveria dar às mulheres adolescentes a sensação de que sua identidade está fundamentada em algo que é valioso por si só e abrange autonomamente aspectos importantes da vida e de que, hoje, uma mulher pode assumir muitos papéis diferentes.

Relacionado à conscientização de figuras femininas arquetípicas está – mais próximo do dia a dia – o anseio por exemplos femininos, por testemunhos de mulheres que viveram a sua vida. Hoje em dia, esse anseio encontra sua resposta em muitas biografias de mulheres sobre mulheres. Essas biografias expressam que agora as mulheres não são simplesmente idealizadas ou que as mulheres se identificam com deusas de modo indiferenciado, o que causaria outra forma da identidade deduzida, mas que as mulheres estão procurando testemunhos de uma vida que pode ser vivida e, portanto, ideias de como elas poderiam viver sua própria vida.

O desligamento da mulher adolescente ocorre diante desse pano de fundo descrito no confronto com a própria mãe. A mãe é o exemplo segundo o qual a própria identidade foi inicialmente concebida. As jovens descobrem a sombra, a vida não vivida de sua mãe, e começam a idealizar aquilo que não teve chance na vida da mãe. "Farei tudo diferente da minha mãe" pode, é claro, indicar que a mulher possui um complexo materno originalmente negativo, como foi descrito por Jung[25], mas é também uma afirmação-padrão durante o desligamento. A filha ainda não possui uma posição verdadeiramente própria, mas, a princípio, ela é contra aquilo. Isso pode ser o início da busca pela própria identidade.

Essa posição contrária à mãe não exige necessariamente que as filhas odeiem a mãe. Teoricamente, essa crença é deduzida da ideia de que mães e filhas seriam idênticas, que é o ódio que traz a separação necessária para encontrar a sua própria personalidade[26]. Existem aqui dois equívocos: mesmo que as duas sejam mulheres, isso não significa que elas são iguais, que, de certa forma, vivem em uma união dual até a filha entrar na adolescência. Mesmo se as mulheres se parecessem muito – algo que pode ocorrer em casos especiais – não é o ódio que traz a solução, pois o ódio não separa, o ódio une. Provavelmente pensamos mais nas pessoas que odiamos do que nas pessoas que amamos.

Nesse desligamento das filhas, é claro que as criticadas são as mães, e isso deve ser assim. As mães são acusadas, por exemplo, por não serem fiéis ao seu plano de vida, por terem insistido em se satisfazer com marido e filhos e então, de repente, afirmarem ter desperdiçado sua vida. O que é criticado são as "mentiras de vida" das mães, que, muitas vezes, estão relacionadas ao fato de elas também não terem se desligado suficientemente de seus complexos parentais. Elas são acusadas também de delegarem às filhas muito daquilo que elas mesmas não viveram. Essas delegações são,

---

25. Jung, OC 9/1, § 170.
26. Rohde-Dachser, 1990, p. 47.

muitas vezes, ambíguas: "Aprenda uma profissão boa e seja bem-sucedida, mas não se esqueça de me dar netos e netas no momento oportuno".

Delegações são privações de liberdade e interferem de modo significativo na relação entre mãe e filha. Naturalmente, delegações existem também entre pais e filhos, entre pais e filhas, entre mães e filhos. Mas elas parecem ser especialmente frequentes entre mães e filhas.

Também a insegurança da mulher em relação ao seu papel, que traz consigo uma grande abertura, se manifesta nessas delegações contraditórias, por exemplo, quando as mães dizem às filhas: "Tome cuidado, muitas vezes as mulheres são ignoradas, mas isso não é motivo para você ser petulante". O que a filha deve fazer com uma mensagem tão ambígua? Dolorosa é também a insegurança das mulheres no trabalho fora de casa. As mulheres sabem que, muitas vezes, elas fazem um trabalho excelente, mas permanecem inseguras em relação ao valor desse trabalho. Elas tendem a melhorá-lo ainda mais, ou não defendem o valor de seu trabalho quando isso é necessário. É preciso que as mulheres aprendam a amar aquilo que fazem e produzem no mundo. A explicação de Flaake[27] para esse comportamento é que nem pai nem mãe confirmam e espelham a filha em coisas que dizem respeito à profissão futura dela. Ainda acontece com frequência que as meninas são elogiadas por graciosidade, beleza e bom comportamento. Esses aspectos do si-mesmo são confirmados e apresentados como desejáveis. Flaake sugere que as mulheres confirmem o trabalho umas das outras para compensar essa carência.

---

27. Flaake, 1989.

Isso seria desejável, mas significaria também que as mulheres precisassem trabalhar claramente na questão de sua inveja.

Nessa fase de desligamento, que, na verdade, é uma fase de busca por si mesma, importam não só os exemplos, mas também os relacionamentos com outras mulheres, caso a cunhagem pelo complexo materno o permita. Quando a mulher é marcada por um complexo materno muito negativo – o que significa que, para ela, mulheres e sobretudo mulheres maternas são apenas uma fonte de grande decepção – esse caminho costuma não estar aberto. A relação com outras mulheres permite a conscientização de si mesma como mulher: as mulheres se veem então não só através de seus próprios olhos, mas também através dos olhos de uma outra mulher. As duas se espelham mutuamente, se percebem, se aceitam. A relação com outras mulheres também transmite uma qualidade de vivência que, como acredito, poderia ser descrita da melhor forma como "qualidade de *anima*": uma atmosfera de solidariedade e de *amplitude* psíquica sem a necessidade de proteção, uma forma de comunicação erótica que não busca a ação imediata, mas que se entrega ao fascínio das possibilidades femininas, carícias etc., que podem ser experimentadas. Isso reaviva também imagens femininas inconscientes juntamente com as emoções especificamente vinculadas a elas, que têm muito a ver com intimidade – intimidade delicada, intimidade selvagem – e exploram diferentes dimensões da existência como mulher. Originalmente, Jung acreditava que *anima* era a parte feminina da alma do homem e que a mulher tinha um *animus*. Nos tempos de hoje, porém, o anseio das mulheres pela *anima* parece ser muito grande e é essencial também para o desligamento do complexo materno. A troca de experiências com as amigas – caso não sejam relegadas a um segundo plano porque o relacionamento com o namorado é exigido ou incentivado pela sociedade ou família –, mas também a vivência emocional entre amigas é importante no desenvolvimento de estruturas relacionais, nas quais ela não precisa negar a si mesma, mas onde pode ser ela mesma. Além disso, esses relacionamentos despertam e cultivam sentimentos diferenciados[28].

A partir dessa vivência cristaliza-se um novo esboço de vida que, por sua vez, permite uma reaproximação com a mãe: na maioria das vezes é um conflito com a mãe, mas esse conflito é travado de modo empático, que reconhece a mãe como personalidade autônoma e que a aceita com sua história. Nessa reaproximação ela perceberá também em quais aspectos ela se parece com a mãe, talvez até nos mesmos aspectos que a irritam nela e com os quais ela, no melhor dos casos, pode aprender a lidar de outra forma, mas ela constatará também que, a despeito de todas as semelhanças, ela é também uma pessoa totalmente diferente.

Essa reaproximação pode se expressar em conversas, durante as quais a filha entende por que a mãe escolheu a vida que tem e durante as quais também a mãe adquire uma noção da vida que a filha quer. Talvez a filha tenha que aceitar com uma dor no coração que a mãe é cética em relação à vida que ela quer ou que ela não consegue aceitá-la por causa da história que teve. A crise de reaproximação é resultado da decepção diante do fato de que a relação inicial entre filha infantil e mãe jamais poderá ser reestabelecida, quando as duas talvez

---

28. Kast, 1992.

tenham sido uma só alma. Ela pode se manifestar também na frustração da esperança de finalmente construir uma relação próxima entre mãe e filha que nunca existiu. No melhor dos casos, torna-se viável uma boa relação de confiança entre mãe e filha, uma relação entre duas mulheres que se conhecem bem, que se prezam e que aceitam que cada uma tem sua própria imagem de uma mulher.

"Não adianta me envolver"
Complexos e memória
episódica

Complexos[29] são constelações específicas de memórias de experiências e fantasias condensadas, que se organizam em torno de um tema básico e estão vinculadas a uma emoção forte da mesma qualidade. Quando a vida toca nesse tema básico ou no respectivo afeto, nós reagimos com base no complexo, ou seja, vemos e interpretamos a situação no sentido do complexo, nós ficamos *emocionais* e nos defendemos de modo estereotípico, do mesmo modo como sempre fazemos. Para o âmbito relacional, isso significa que a compreensão mútua é interrompida nessa situação.

Os complexos se manifestam em nossa vivência e ação, mas se mostram também em símbolos, caso em que seu núcleo voltado para o futuro é ressaltado. Segundo Jung, os complexos possuem um núcleo arquetípico, isto é, os complexos se formam em torno de temas vitais para a vida.

Complexos são núcleos afetivos da personalidade e são provocados por um confronto doloroso ou significativo do indivíduo com uma exigência ou um evento no ambiente, do qual

---

29. Kast, 1990, p. 44s.

ele não dá conta[30]. Essa descrição deixa claro que os complexos surgem a partir da interação do bebê e da criança com pessoas de referência, sendo que, evidentemente, a primeira infância é uma situação de cunhagem especialmente sensível para a criação de complexos; mas os complexos podem se formar a qualquer momento enquanto vivermos.

Nessa descrição da criação de um complexo, Jung estava pensando no complexo que causará dificuldades para o indivíduo. Evidentemente, são os complexos que mais interessam às pessoas. Mas devemos lembrar também que todas as interações significativas entre criança e pessoas de referência, todas as interações entre pessoas, podem se transformar em complexos. Os complexos representam, portanto, as interações relacionais problemáticas e aquelas que nos cunham e, com isso, as histórias relacionais da nossa infância e da nossa vida posterior, juntamente com as respectivas emoções, as formas de defesa dessas emoções e as expectativas que disso resultam em relação de como a vida deve ser.

Uma interação difícil ou significativa entre duas pessoas que envolve emoções estabelece um complexo. Qualquer evento semelhante é então interpretado de acordo com esse complexo e o reforça. Isso significa: as pessoas aprendem que determinadas situações recorrem sempre de novo e que elas são acompanhadas sempre pelas mesmas emoções. Os complexos representam episódios da nossa vida caracterizados por uma emocionalidade especial. Nossos complexos não retratam simplesmente os pais com seu comportamento ou os irmãos como realmente eram – os complexos parecem ser

---

30. Jung, OC 3, esp. "o complexo emocional e seus efeitos gerais sobre a psique", § 77-106.

uma mistura complexa de coisas que realmente vivenciamos e de coisas que fantasiamos, de expectativas frustradas etc. Observamos, porém, que, por meio da dissolução parcial dos complexos, mais lembranças são liberadas, o que permite um acesso maior à própria biografia. Isso enriquece a sensação de estar vivo, o complexo do eu é aprimorado, a própria identidade é vivenciada também na continuidade. A história real é algo muito misterioso e, provavelmente, não pode ser reconstruída verdadeiramente. Na compreensão junguiana, o que é reconstruído são constelações de complexos: a parte reprimida é trazida para a consciência e as constelações de complexos são entendidos como nódulos afetivos da vida, que provocaram e podem provocar alienações e distorções, que são a razão de identificações das quais não nos desligamos. Mas elas também estimularam determinadas habilidades e abrigam um potencial de desenvolvimento, que se manifesta nas fantasias por elas provocadas. Esse potencial de desenvolvimento se torna evidente principalmente nas imagens arquetípicas que se apresentam quando aspectos importantes do complexo são conscientizados.

Tão importante quanto a reconstrução do passado é a análise da postura de expectativa vinculada a cada constelação de complexos e que se refere não só ao aqui e agora da relação analítica, mas também à perspectiva futura da própria vida. Uma afirmação de um complexo pode destruir a abertura do futuro e impedir novas experiências. Uma afirmação de complexo de uma das minhas analisandas dizia: "Não adianta me envolver, pois em situações importantes eu fico calada". Expectativas, anseios, utopias sob o ditado dos complexos só se movimentam nas vias de um passado solidificado, se é que ocorrem. Mas isso significa que não conseguimos encontrar nossa própria vida. Então vivemos entre o passado, que pesa, e o futuro, que assusta.

O conceito dos complexos se parece muito com o conceito das "representações de interações generalizadas", as chamadas RIG (Representations of Interactions that have been Generalized; RIG)[31], de Daniel Stern. Stern toma como ponto de partida a "memória episódica"[32], descrita por Tulving como lembrança de eventos e experiências reais. Esses episódios lembrados podem ser eventos cotidianos totalmente banais, como o café da manhã, ou eventos emocionais importantes, como nossa reação à notícia do nascimento de uma criança etc. Na memória episódica estão guardadas ações, emoções, percepções como unidade indivisível, sendo possível concentrar-se em aspectos individuais como a emoção, por exemplo. Quando episódios comparáveis se repetem continuamente – por exemplo, seio, leite, alimentação – esses episódios são generalizados, ou seja, a criança espera que, no futuro, esse episódio voltará a ocorrer da mesma forma. Esse episódio generalizado não é mais uma lembrança específica, "ela contém múltiplas lembranças específicas [...]. Ela representa uma estrutura do provável decurso de um evento com base em expectativas medianas"[33]. Isso desperta também expectativas, que podem ser frustradas. Segundo Stern, essas RIG resultam de todas as interações e são, para ele, unidades básicas da representação do si-mesmo nuclear e transmitem para o bebê a sensação de possuir um si-mesmo nuclear coerente, fundamento da vivência de identidade.

---

31. Stern, 1992, p. 143ss.
32. Tulving, 1972.
33. Stern, 1992, p. 142.

Podemos estabelecer um vínculo entre esse conceito das RIG e o conceito dos complexos. A teoria da memória episódica seria uma forma de explicar como os complexos são armazenados como representações na memória. Explicaria também que, em determinadas situações semelhantes a esses episódios, os complexos são constelados ou reativados e que também podem ser provocados por meio de sensações vinculadas a esses episódios ou a emoções que remetem a esses episódios.

O conceito dos complexos não se refere a todas as RIG, apenas àquelas em que situações difíceis foram generalizadas. Além disso, esse conceito explicaria a experiência de que as expectativas provenientes de lembranças relacionadas a complexos raramente coincidem com um único episódio lembrado. Raramente os complexos resultam de uma única situação traumática, eles realmente representam algo como uma expectativa generalizada, que mostra que uma vivência e um comportamento complexado resultam do fato de que interações semelhantes entre as pessoas de referência e a criança ocorreram repetidas vezes. Mesmo que seja importante e possível lembrar dos episódios complexados – por exemplo, a imagem de um pai com olhar rígido de tamanho sobrenatural diante do qual o pequeno garoto morre de medo e não consegue dizer nada –, isso não significa que o episódio realmente foi vivenciado como tal. Mas a imagem permanece expressiva como imagem do complexo, como imagem de um episódio generalizado. Esse aspecto é de importância especial porque, por vezes, as imagens dos complexos são confundidas com a natureza concreta e com a presença dos pais concretos, ou seja, que a imagem da fantasia é equiparada à imagem real da pessoa. É claro que esses episódios estão, de alguma forma,

Filhas de pai, filhos de mãe

ligados à presença real dos pais que se expressa na interação, mas não são simplesmente congruentes. Isso vale especialmente para os "complexos maternos" e para os "complexos paternos" em geral, que abrangem, por assim dizer, as generalizações dos episódios generalizados com mãe e o materno e com pai e o paterno. No entanto, seria totalmente inapropriado tirar conclusões das mães e dos pais dos nossos complexos sobre a natureza da mulher ou do homem – complexos são "produtos da interação" –, pois mulheres não são apenas mães e homens não são apenas pais. Além disso, existe ainda uma expectativa adicional: não existe apenas a experiência com a mãe pessoal e com o pai pessoal, em cada ser humano existe uma expectativa predisposta ao materno e ao paterno arquetípico; cada ser humano espera certa medida de experiências maternas e paternas[34]. Sob esse ponto de vista, poderíamos entender também a expectativa generalizada – no sentido de um potencial coletivo de fantasia – na criança, que, a princípio, nada tem a ver com a experiência real da interação com os pais, mas que é reavivada por meio da interação.

Outro aspecto comum aos dois conceitos é que os complexos podem ser formados durante a vida inteira, mas também que podem ser tratados em cada fase da vida. Segundo Stern, a formação de RIG nos diferentes níveis de autopercepção permanece ativa durante a vida inteira[35]. Nesse contexto se insere também um pensamento terapêutico, que também aponta os pontos comuns desses conceitos. Quando trabalhamos com temas complexados da vida, não precisamos recorrer à situação que os cunhou. Basta que um episódio que aponte para o

---

34. Jung, OC 10, § 456.
35. Stern, 1992, p. 380.

complexo seja vivenciado. É possível, por exemplo, que numa situação relacional complexada, a terapia ajude a lembrar de uma situação da infância que é sentida de forma semelhante. Podemos trabalhar com isso. A busca pela situação original não é necessária, pois cada situação complexada contém o episódio e as percepções e sensações relacionadas, sobretudo os afetos vinculados a ele. Para Stern, o importante é encontrar "o ponto de partida narrativo", a metáfora-chave[36]. Ele acredita que a busca pela "versão original", que, de acordo com a teoria, não apresentaria nenhuma distorção, é um processo sem fim e com poucas chances de êxito, visto que seu problema principal consiste em realizar a transferência de episódios pré-verbais para episódios verbais[37].

Partindo da teoria dos complexos, é importante entender os símbolos, principalmente as interações simbólicas: símbolos retratam os complexos. O complexo se apresenta em imagens-chave para a vida, por exemplo, em sonhos e imaginações. Assim, as respectivas emoções podem ser vivenciadas nitidamente. E isso permite fazer deduções sobre a vivência da criança, o que ajuda a se colocar na situação das crianças e a entender as dificuldades e o sofrimento da situação de cunhagem, mas também permite fazer deduções sobre o comportamento da pessoa de referência, com a qual, como adulto, o paciente também já se identificou[38] e cujo papel ele também exerce; e podemos fazer deduções também sobre a forma de interação na esfera do complexo, juntamente com os sentimentos ambivalentes relacionados a isso. Quando

36. Ibid., p. 364.
37. Ibid., p. 363.
38. Kast, 1990, p. 196ss.

conseguimos ver e vivenciar os choques geradores de complexos em representações simbólicas, lembramos cada vez mais de episódios que contribuíram para a formação de um complexo e para a transferência do comportamento complexado para pessoas diferentes das pessoas de referência originais. Sob o ponto de vista da psicologia junguiana, porém, é essencial que esses símbolos, que retratam os complexos, contenham em si um potencial energético que se expressa nas fantasias vinculados a eles. Os complexos são vistos como algo que bloqueia o ser humano e que faz com que ele responda e reaja sempre da mesma forma estereotípica também em situações que exigiriam uma resposta mais diferenciada do indivíduo; os complexos contêm também germes de novas possibilidades de vida[39]. E estas também se revelam nos símbolos que retratam os complexos.

Todas as pessoas têm complexos – Jung comenta, porém, que, na verdade, são os complexos que nos *têm*[40]; pelo menos, o nosso livre-arbítrio termina onde começa a esfera do complexo ou, em outras palavras, quanto mais emoções estão presas em nossos complexos, menor é o nosso livre-arbítrio quando esses complexos são acionados[41]. Complexos são problemas de vida, que também são expressão de temas de vida centrais, são expressão de problemas de desenvolvimento, que também são temas de desenvolvimento. Eles constituem a nossa disposição psíquica.

Em resumo, podemos dizer sobre o complexo: designamos como complexos os conteúdos do inconsciente, episódios

---

39. Jung, "Considerações gerais sobre a teoria dos complexos"; apud OC 8, § 210.

40. Ibid., § 200.

41. Ibid.

relacionais difíceis generalizados que, por meio da mesma emoção e por meio de um núcleo de significado comum (arquétipo), estão ligados aos temas relacionais e episódios relacionais típicos relacionados a eles e que podem representar uns aos outros[42]. Cada episódio com carga afetiva se transforma em um complexo. Se os temas ou as emoções ligadas ao complexo são ativados, o todo das conexões inconscientes é ativado – na psicologia junguiana usamos a expressão *constelar* – juntamente com a respectiva emoção de toda a biografia e as estratégias de defesa estereotípicas que resultam disso. Quanto maior forem a emoção e o campo de associação respectivo, mais *forte* será o complexo, mais os outros aspectos psíquicos, principalmente o complexo do eu, são relegados ao segundo plano. A força atual de um complexo em relação a outros complexos existentes e em relação ao complexo do eu pode ser descoberta com o experimento de associação, um instrumento que Jung desenvolveu e que o levou à descoberta do conceito dos complexos[43].

Sobre o complexo do eu, Jung disse que ele representa o "centro característico" da nossa psique, mas que, mesmo assim, é apenas mais um entre outros complexos. "Os outros complexos aparecem associados, mais ou menos frequentemente, ao complexo do eu, e desse modo se tornam conscientes"[44]. A coloração do sentimento do complexo do eu, ao sentimento próprio, é compreendido como expressão de todas as sensações físicas, mas também como expressão de todos aqueles conteúdos da imaginação que percebemos como

---

42. Cf. Kast, 1990, p. 45ss.
43. Jung, "Investigações experimentais sobre associações de pessoas sadias"; apud OC 2; Kast, 1980.
44. Jung, OC 8, § 582.

Filhas de pai, filhos de mãe

pertencentes à nossa pessoa[45]. As associações ligadas ao complexo do eu giram em torno do tema da identidade e do desenvolvimento da identidade e do sentimento próprio. A base da nossa identidade é a sensação da vitalidade e, intimamente ligada a esta, a atividade do eu: é a sensação de estar vivo, e nessa sensação está arraigada a possibilidade de interferir ativamente na vida, de provocar uma mudança, de realizar a si mesmo. Vitalidade, atividade do eu e autorrealização dependem umas das outras. Ao longo do desenvolvimento, a atividade do eu envolve cada vez mais também a autodeterminação em oposição à determinação alheia.

A vivência da própria identidade inclui também o conhecimento certo de si mesmo, das ideias que tenho a meu respeito, em delimitação e conflito com as ideias que outros têm a meu respeito e com as quais eles me confrontam. A precondição para esse complexo do eu relativamente delimitado é que o complexo do eu se diferencie dos complexos parentais de acordo com a idade e assim se torne mais autônomo e que a pessoa se exponha a novos relacionamentos e experiências. O desligamento não só depende dos complexos parentais e dos pais concretos, mas em medida decisiva também da atividade do eu e da vitalidade. Existem crianças que, a despeito de complexos parentais que as restringem, conseguem se desligar suficientemente; outras, porém, não conseguem se desligar nem de complexos parentais menos restritivos. Essas diferenças também têm a ver com um fator de vitalidade e com um fator de atividade do eu.

Em termos bem gerais vale: quando os complexos constelados não são conscientizados, eles se manifestam em pro-

---

45. Jung, "O eu"; apud OC 9/II, § 3 e 4; Kast, 1990, p. 67-113.

jeções. Quando o eu consegue entrar em contato com a ocorrência complexada, assumir responsabilidade por ela e desenvolver empatia por si mesmo nessa situação, observamos com frequência como os símbolos que expressam o complexo são vivenciados, até mesmo como reações físicas que podem ser traduzidas em símbolos; pois vivenciamos as emoções fisicamente, mas elas sempre remetem também a um pano de fundo de significado. Quando esses símbolos e as respectivas fantasias podem ser vivenciadas e moldadas, a energia presa no complexo pode se tornar uma energia que vivifica o ser humano inteiro e inicia novas possibilidades comportamentais.

Os complexos representam as nossas cunhagens. Uma pessoa que vivenciou muita atenção, afeto, interesse em todas as suas expressões, acolhimento pelo amor materno, é cunhada por um "complexo materno originalmente positivo". E este caracterizará as expectativas às outras pessoas, à vida e ao mundo, mas também os interesses em grande medida. Uma pessoa cujo maior problema na infância foi o confronto com uma mãe que – por alguma razão – não conseguiu se adaptar às necessidades da criança e que também não recebeu uma atenção maternal de outras pessoas, é cunhada por um "complexo materno originalmente negativo". Uma pessoa que teve as primeiras experiências significativas ou confrontos dolorosos mais com o pai, é, dependendo da vivência dessas experiências como incentivadoras ou paralisadoras, cunhado por um "complexo paterno positivo ou negativo". Complexos materno e paterno são termos generalizadores, mas que, mesmo assim, expressam algo sobre a atmosfera que envolve uma pessoa, sobre temas de vida especiais e importantes, sobre necessidades e dificuldades típicas de desenvolvimento.

Os complexos não só nos cunham, eles também são *constelados* ou ativados. O complexo se constela por meio de uma experiência relacional que remete à situação do complexo, por meio de um sonho ou uma fantasia. Isso significa: nós reagimos de modo inapropriado à situação atual, temos uma reação exagerada, pois não reagimos apenas à situação atual, mas a todas as situações da nossa vida que se parecem tão fatalmente a essa situação, de modo que passamos também a ter uma percepção distorcida porque nós a percebemos no sentido do complexo e ignoramos tudo que não pertença ao episódio complexado. Em decorrência disso, recorremos a uma estratégia estereotípica que, supostamente, nos ajuda a lidar com a situação.

Na constelação de cada complexo materno ou paterno podemos identificar determinados modos de comportamento que ajudaram à respectiva criança a produzir ou preservar uma atmosfera suficientemente boa com seu pai ou sua mãe. Esses modos de comportamento são preservados durante a vida. Quando nos conscientizamos deles, podemos decidir se queremos mantê-los ou não.

Aqui, parto do pressuposto de que os complexos maternos são formados primariamente no relacionamento com a mãe social, e os complexos paternos, no relacionamento com o pai social. No entanto, é preciso lembrar que esses pais e mães pessoais possuem também aspectos coletivos, pois querem corresponder mais ou menos às imagens de mãe e pai predominantes, e que existem também outras pessoas que permitem a experiência de algo paternal ou maternal. É, também, possível que aspectos paternais sejam vivenciados também por meio da mãe. Visto que, nas cunhagens de complexos que ocorrem entre crianças, mães e pais – por mais diferentes que possam ser –

certos aspectos podem ser encontrados de forma recorrente em todos os complexos maternos ou complexos paternos, podemos falar de aspectos típicos desses complexos. Isso tem a ver com o fato de que, na interação entre filhos e pais, são feitas experiências iguais, que não dependem do comportamento da criança nem do comportamento da mãe ou do pai.

A fim de retratar os aspectos típicos de complexos maternos e paternos, descreverei a respectiva atmosfera complexada que envolve pessoas com essa cunhagem com a ajuda de exemplos práticos paradigmáticos. Depois acrescentarei algo sobre a gênese desse complexo e iluminarei as áreas complexadas no sentido mais restrito, que ocorrem dentro desses aspectos típicos, mas também acrescentam algo individual, isto é, procurarei afirmações de complexo típicas para a respectiva relação e mostrarei qual é seu efeito sobre a vida e nos relacionamentos atuais.

"O mundo deve apreciar alguém como eu"
O complexo materno originalmente positivo no homem

Complexos que, a princípio, podem ser vivenciados como favoráveis para a vida, podem, caso não ocorra um desligamento apropriado à idade, tornar-se inibitivos mais tarde. O complexo materno originalmente positivo pode vir a ter um efeito *negativo*. Ao chamar essa forma de complexo de *originalmente* positiva, descrevo uma cunhagem típica a partir da qual desenvolvimentos fundamentalmente diferentes são possíveis.

"Esperando a grande obra-prima"
Balthasar

Como ilustração, acrescento aqui um exemplo, que, em alguns aspectos, narrarei de forma mais extrema para demonstrar melhor o caráter desse complexo materno.

Um homem na casa dos quarenta – eu o chamarei de Balthasar – procurou a terapia e contou primeiramente que era um homem muito sensual, que a sensualidade era muito importante em sua vida; na verdade, era a coisa mais importante de todas. Ele ressaltou essa afirmação passando os dedos de forma muito sensual pela superfície da mesa de madeira e observou que tinha passado por uma árvore muito interessante. Ele descreveu a árvore de tal maneira que consegui cheirar a árvore em minha imaginação. Mencionou também que ele gostava de comer bem e muito e que não queria que nada disso fosse mudado, mesmo que seu peso sugerisse um comedimento maior em sua vida. Ele sabia que era um pouco *forte*, o que, sinceramente, era um eufemismo descarado. Ao dizer isso, ele suspirou prazerosamente e se reclinou na cadeira, que mal o continha.

Quando lhe disse que nossas sessões de terapia durariam uma hora, ele não concordou. Ele queria sessões analíticas de meio período e, se possível, até de um dia inteiro. Quando falamos sobre o pagamento das sessões, grande parte do qual seria assumido pelo plano de saúde, ele defendeu que sua franquia deveria ser a menor possível, visto que, provavelmente, eu aproveitaria bastante a terapia com ele, de modo que eu poderia abrir mão de parte do meu lucro, o que, por sua vez, lhe permitiria continuar a financiar suas longas viagens.

A essa altura, ele tinha despertado meu interesse: que complexo materno pronunciado era este! Meu interesse o incentivou a falar mais sobre si mesmo e suas viagens e de sua capacidade de apreciar tudo. Ele irradiava algo de uma pessoa que sabia apreciar a vida e que se *anima* com o interesse de seu interlocutor. Ele estava se sentindo bem, e quando lhe expliquei que insistiria em minhas sessões de uma hora e que não faria sessões de meio período e que também insistiria num preço justo, superficialmente, ele reagiu de forma mansa e sensível; no fundo, porém, ficou magoado: "Claro, você deve estar empanturrada (com a agenda lotada), aí só me resta contentar-me com as sobras. Mas é uma pena, pois acredito que teria sido uma experiência recompensadora para você". Achei típico que, para expressar sua mágoa, ele escolheu uma metáfora da área alimentícia. Balthasar era um homem muito talentoso, mas, aparentemente, não era capaz de transformar seu talento em algo concreto. Ele tinha interrompido três cursos universitários e completado um. Trabalhava como artista e se interessava por várias vertentes artísticas; animado, falava de suas ideias, mas não possuía nenhuma obra que pudesse mostrar. Existiam alguns *experimentos*, porque a obra-prima ainda não tinha sido criada, mas isso era apenas uma questão de tempo, contanto que conseguisse perseverar. Com certo desdém, falava de seus colegas artistas, que eram "animais de trabalho", que só jogavam tinta na tela, expunham e publicavam essas coisas, mas nunca produziam uma obra-prima, porque não tinham a paciência de esperar por ela. "Eu me interesso por tantas coisas, aí faço isso, depois tento outra coisa. Interessar-se por tantas coisas é inspirador, não é?" Quando falava de suas ideias, ele sempre conseguia me contagiar com seu entusiasmo no início da sessão. Com o tempo, descobri que ele não queria se concentrar em nenhum de seus talentos, pois estava convencido de que devia realizar tudo que ele sabia fazer. Tampouco era capaz de avaliar os seus diferentes talentos. Quando seus colegas tentavam falar sobre isso, ele se recusava ao diálogo porque estavam se metendo num assunto que não era da conta deles. Assim, não realizava muita coisa, não tinha disciplina de trabalho nem estrutura em seu dia a dia. Sempre esperava que um trabalho se impusesse como necessidade interna. Ele tinha iniciativa, isto é, quando tinha uma ideia começava a realizá-la, mas, muitas vezes, ele não conseguia ultrapassar a fase do primeiro esboço ou de algumas anotações sobre um tema. Isso lhe bastava.

No que dizia respeito a relacionamentos, ele tinha dificuldades de se decidir. Ele me contou que tinha se casado duas vezes, mas que as mulheres o tinham largado logo depois. Nunca teve a necessidade de se casar. "Mas você sabe, as mulheres querem isso, e quando elas querem, elas conseguem..." Descobri que ele não sabia se opor a pessoas que sabiam o que queriam. Mas as exigências que fazia às parceiras e aos parceiros – ele se via como homem bissexual – eram muito altas. Das parceiras, esperava que elas o admirassem, desfrutassem de sua riqueza e compartilhassem de sua sensualidade. Deveriam ser maternas sem terem a aparência de uma mãe. "Aparentando o mais jovem possível." Os parceiros masculinos deveriam saber lidar com a vida e dizer o que se devia fazer e não fazer. Os relacionamentos com os homens também duravam no máximo três meses, porque os homens que ele escolhia eram estruturados demais, medrosos demais, cautelosos demais.

Tanto os parceiros quanto as parceiras o acusavam de não cumprir o que ele prometia através do seu jeito de ser. Ele me disse que a maioria das pessoas o via inicialmente como caloroso, empático, sensível, agradável e prestativo. E ele era tudo isso. Mas quando surgiam dificuldades, ele fugia. Todo esse "drama relacional" era complicado demais para ele. Em algum momento, talvez surgisse a pessoa certa com a qual tudo daria certo.

Aos 35 anos de idade, passou por uma crise. Ele passou a sentir "tanto nojo da vida", e os sinais da resignação e da autodúvida começaram a se acumular. Em sua percepção, a roda dos relacionamentos começou a girar numa velocidade cada vez maior. Ele desenvolveu sentimentos de raiva "contra o mundo", que não lhe dava o que lhe cabia por direito. Quando perguntei o que lhe cabia por direito, ele disse: "O mundo deveria apreciar uma pessoa como eu, deveria me admirar e me oferecer uma estrutura adequada para o desdobramento dos meus talentos".

Essas crises de resignação passaram a ocorrer com uma frequência cada vez maior. No início, Balthasar tentou rechaçar esse humor depressivo com álcool. Quando isso não deu certo, ele procurou a terapia. Disse que seu gosto de viver não lhe dava mais o apoio necessário, que ele se encontrava numa crise de sentido, em constantes crises relacionais, numa depressão e que, provavelmente, também estava tendo um problema de dependência química.

"Ir embora é pecado"
A gênese dessa cunhagem de complexo

A melhor forma de descrever as relações com a mãe, na forma em que são lembradas, é recorrendo a algumas imagens ou a alguns episódios típicos. Ele se lembra de muitas situações que ele consegue imaginar vividamente e das quais ele se lembra em todas as modalidades da imaginação. Ele cheira, ouve e vê – e, sobretudo, ele sente algo quando conta as suas histórias.

Escolho aqui três imagens:

• Ele se vê em idades diferentes na cozinha, juntamente com a avó e a mãe. Ambas estão cozinhando. De alguma forma indefinida, o pai também está presente e bebe alguma coisa. Já há muitas garrafas vazias na mesa, e a atmosfera é descontraída, alegre e um pouco caótica. Há também muitas crianças, cinco ao todo, Balthasar é o caçula. Além disso, estão presentes alguns amigos dos irmãos mais velhos. Está quente e barulhento, o ar cheira a pessoas e comida, uma cena muito aconchegante.

• Balthasar se lembra de que ele *nunca* tinha roupa lavada. As crianças que se sentam do seu lado na escola prendem a respiração e perguntam se sua mãe não sabe lavar roupa. Ele responde que ela prefere cozinhar. Ele cheira suas próprias roupas, acha que o cheiro é totalmente normal. "Todos cheiravam assim lá em casa."

• Ele e seus irmãos não frequentam a escola com regularidade. Quando são criticados por outras pessoas, eles inventam doenças. E é principalmente o pai que é criticado porque ele bebe muito. A família inteira acha que cada um pode fazer o que quiser dentro de suas próprias quatro paredes. Para a família, o alcoolismo do pai não parece ser um problema.

A cunhagem do complexo materno ocorre não só por meio do relacionamento com a mãe, mas por meio de todo o *campo materno*[46], por tudo que é vivenciado como maternal. Aqui, a mãe é descrita como aquela que cuida da alimentação, com a ajuda da avó. A atmosfera na cozinha é descrita como se fosse outro ventre materno, no qual as pessoas se sentem protegidas, onde elas são constantemente alimentadas, onde todos se sentem bem. *De alguma forma* o pai faz parte disso, ele não parece estar realmente presente, e parece ser generosamente tolerado em sua ausência alcoólica. Essa, pelo menos, é a lembrança de Balthasar. A família se une contra o mundo mau, que faz exigências que a família não consegue cumprir. A agressão se volta contra o exterior,

---

46. Expressão de Peter Haerlin, 1987.

Filhas de pai, filhos de mãe

uma agressão que também poderia resultar em separações necessárias e viabilizar um desligamento dessa atmosfera de complexo materno.

A família inteira é marcada por um complexo materno originalmente positivo, evocado por mães que cuidam de forma muito sensual do bem-estar físico dos parentes. Parece ter existido uma grande proximidade vegetativa entre as pessoas individuais, também uma grande aceitação das crianças diferentes. Quando perguntei se ele se lembrava de alguma palavra da mãe que expressava uma proibição, após pensar por bastante tempo, ele se lembrou: "Ir embora é pecado". Os irmãos solucionaram o problema trazendo seus amigos para a cozinha da casa. Os irmãos queriam ter relações sexuais. No final da década de 1940 e na década de 1950, isso significava que precisavam se casar cedo. Mas, para eles, isso não era motivo para sair de casa, eles continuavam morando com os pais e irmãos. De vez em quando um genro ou uma nora conseguia impor seu desejo de distanciamento.

A mãe morreu aos 65 anos de idade, aos 35 anos de Balthasar. A crise por ele mencionada certamente estava relacionada também à morte da mãe. No início, ele achou que não superaria a perda da mãe. Ele também lamentava pela mãe, que não pudera aproveitar a vida. Mas então pensou que o marido tinha sido uma *furada*, mas que os filhos a tinham compensado por isso de alguma forma.

Mais tarde, constatou com surpresa e grande alegria que uma de suas irmãs conseguia produzir a mesma atmosfera maternal. Isso o consolou. O fato de que ele conseguiu transferir seu complexo materno para a sua irmã com tanta facilidade poderia ser um indício de que seu relacionamento com a mãe não era muito pessoal, que ele se importava mais em usufruir dessa atmosfera maternal, que tinha fornecido tanta proteção e acolhimento, uma atmosfera da indiferenciação.

Sabemos, porém, que cada proteção traz também alguma restrição. Quando uma criança se conscientiza dessa restrição, ela costuma iniciar um desenvolvimento em direção a uma independência maior. Isso praticamente não ocorreu no caso de Balthasar e parece ser uma característica familiar, visto que nem mesmo a sexualidade e o casamento conseguiram convencer os irmãos de sair da casa paterna. Mas é justamente aqui que está o problema: ir embora é pecado. Por isso o desligamento do complexo materno na idade apropriada não pôde acontecer.

Essa afirmação se refere a uma área de complexo no sentido mais restrito dentro desse complexo materno, mas que deve ser bastante expressivo para ele. Essa afirmação – e, naturalmente, todas as lembranças, associações e sentimentos vinculados a ela – deve estar ligada à problemática central desse complexo materno.

Como Balthasar vivencia essa afirmação complexada hoje, em quais situações de vida ela aparece, o que ela significa? Encontramos o efeito de complexos em relacionamentos atuais, em projeções, sonhos e fantasias. Balthasar conta que sempre se sente muito magoado quando ele convida alguém e essa pessoa se despede antes da hora. Quando pergunto o que significa "antes da hora" para ele, ele responde: "Antes da hora significa antes de terminar". Então pergunto se seria possível que, para outras pessoas, algo pode *terminar* mais cedo do que para ele. Ele me olha surpreso e acha absurda a minha observação. Ele entendia a situação em que as pessoas vão embora sem a sua permissão no sentido de seu complexo: reagia como se realmente tivesse sido abandonado num nível existencial. Ele se identificava com o papel que sua mãe exercia.

O que se passa dentro dele nessa situação complexada? Quando as pessoas vão para casa antes da hora, ele pensa primeiro que cometeu algum erro. Todo o seu bom humor desaba. Ele se sente abandonado e exposto por essas pessoas que o abandonaram. Esse mal-estar permanece durante todo o dia seguinte, ele não consegue trabalhar e fica pensando no erro que poderia ter cometido. Então, ele se agarra a afirmações como: "Essa pessoa simplesmente não tem cultura, falta-lhe a cultura de festas, ela não sabe aproveitar a vida" etc. E vemos a atmosfera complexada original também nessas desvalorizações que ele precisa para estabilizar sua autoestima: ele tem cultura, ele tem cultura de festas.

Outra possibilidade de *lidar* com essa situação é que ele bebe e permanece embriagado por dias, para então cair numa depressão. Essa é uma reação complexada a um suposto abandono. Ele reage com o sentimento de ter sido abandonado de modo completamente inadmissível, sim, até de ter sido traído.

Outra reação complexada: quando sai com outras pessoas, ele sempre fica de olho para que ninguém se *perca*. Irrita-se quando seus amigos e amigas *indisciplinados* entram numa loja e ficam parados diante de uma estante. É todos ou ninguém. Ele garante que todos recebam sua comida e bebida na hora certa. Mas ai daquele que queira comer ou beber algo fora da hora. Isso perturba a harmonia, o gosto de viver que se inscreveu nele de forma tão aconchegante na cozinha de sua infância. Ele se escandaliza ainda mais quando alguém lhe diz que ele se comporta como mãe coruja. Isso acontece com certa frequência. Irrita-se muito quando isso acontece, mas é obrigado a admitir que ele se parece sim um pouco com sua própria mãe coruja. No entanto, para ele, isso é um elogio.

Percebemos: Balthasar se identifica com o papel materno de seu complexo materno, ele mantém todos unidos e reunidos, assim como a sua mãe o fazia em sua lembrança. Portanto, ele não reage como criança que, na época, não podia ir embora, mas como a mãe que não permitia que alguém fosse embora. Enquanto ninguém quiser ser independente em sua presença, esse seu comportamento é avaliado como agradável: ele presta atenção, garante aconchego, alimentação no momento certo. Ele é muito atencioso. A maioria das pessoas só não consegue lidar com sua reação complexada de abandono, que ocorre quando alguém ousa recusar seus cuidados. Não tem nenhuma consciência de que ele reage de modo complexado. Ele diz: "Faço de tudo para que as pessoas se sintam bem em minha presença, e elas não valorizam isso e, evidentemente, também não suportam meu jeito de viver bem". O fato de ele cuidar de outros como que coagido e de ficar tão magoado quando os outros o impedem de ser bem-sucedido nesse empreendimento mostra que se trata de um comportamento complexado e não de um comportamento que ele adotou da mãe.

Possivelmente, essa área complexada se manifesta também no fato de ele hesitar muito antes de levar seus trabalhos a público, de ter muito medo de críticas e de não querer vender nada. É possível que, dentro dessa constelação de complexo, ele se identifique com o papel da criança que não pode ir embora. Vivencia que suas pessoas de referência exercem grande pressão sobre ele. Esforça-se muito para corresponder às expectativas delas em relação a ele. Não corresponder às expectativas das pessoas é, para ele, também uma forma de abandono. Visto que ele transfere seu complexo materno com grande facilidade para outros, ele é obrigado a satisfazer as expectativas de muitos. Ele sempre se adapta ou acredita se adaptar sem ser elogiado por isso e sem reviver aquela *vivência do nós*, com a qual era recompensado por não ter ido *embora*. Em vez disso, ele abandona a si mesmo nessa situação, adapta-se quando deveria ser ele mesmo no relacionamento.

"Alto valor de entretenimento"
O complexo materno originalmente positivo no processo terapêutico

No início, Balthasar queria sessões que durassem um dia inteiro, não horas limitadas, mas muito tempo para se desdobrar. O tema da abundância, originalmente vinculado ao complexo materno positivo, emerge aqui. Depois, ao iniciar cada sessão, ele sempre dizia que queria falar de tudo, mas que não teria tempo para isso. Sob a impressão de não ter tempo suficiente, muitas vezes, ele não escolhia tema nenhum, mas ficava me olhando com certa expectativa: escolha você o tema! Mas que seja interessante! Quando lhe dava meu interesse, ele se animava imediatamente e conseguia ser de "alto valor de entretenimento" para mim. Provavelmente ele tinha recompensado sua mãe e sua avó pelo seu interesse com um "alto valor de entretenimento". Eu me irritei repetidamente com seu hábito de ou dizer muito pouco com muitas palavras, mas com um surpreendente talento de narrador, ou de apresentar um problema em estilo de telegrama. Quando eu pedia maiores informações ou uma descrição mais precisa de seus sentimentos, ele respondia: "Por que eu deveria lhe dar mais informações, você entende mesmo sem palavras". Aqui se constelava na relação terapêutica o estilo de comunicação que predominava em sua família de origem. Ou os membros da família contavam longas histórias com alto valor de entretenimento, mas sem muita informação, ou eles esperavam que os outros os entendessem *sem palavras*.

A minha reação emocional, a minha contratransferência, disse-me que esse estilo de comunicação tinha gerado uma grande insegurança, que também provocava raiva. Esta, porém, era reprimida, o sentimento de pertença compensava esses sentimentos de insegurança e de medo e raiva. De vez em quando, ele dizia que não queria fazer trabalho analítico, que eu deveria lhe contar algo inspirador e, no fim, dar-lhe alguns conselhos para o novo relacionamento. Nessas situações, ele transferia a cozinha da mãe para a situação analítica. Deveríamos aproveitar o tempo para nos entreter e, para encerrar, eu poderia lhe dar alguns conselhos. Diante das minhas perguntas muito cautelosas sobre os vínculos entre a cozinha da mãe e a situação atual, ele se mostrou compreensivo, mas não queria admitir que algo precisava mudar, afinal de contas, inspiração era um valor muito alto. E isso é correto sob o ponto de vista de uma pessoa com um complexo materno originalmente positivo. Nessa situação, ele ocupava a posição da criança dentro de seu complexo básico.

Quando achava que eu demorava demais pensando na resposta que deveria lhe dar, ele perguntava se eu não gostava mais dele. Ser abandonado significava, portanto, perder também o amor de outra pessoa.

Os sonhos o interessavam principalmente em seu conteúdo utópico. Sonhos que sinalizavam claramente que ele precisava assumir responsabilidade em algumas áreas de sua vida eram descartados como presunçosos. Ele se mostrou surpreso diante do fato de seu inconsciente poder ser tão presunçoso. Dois temas oníricos sempre reapareciam: "Tudo aquilo que eu poderia fazer, eu não quero. Dirijo até a cidade, encontro um estacionamento, mas quero uma vaga melhor. Então não encontro mais nenhuma. Devo entrar numa casa, mas não sei bem em qual eu quero entrar. De repente, tudo está trancado. Chatice. Sonhos chatos, esses..."

Esses sonhos vinham acompanhados de um sentimento atormentador. É claro que Balthasar sabia que ele precisava tomar algumas decisões e fazer algumas escolhas, mesmo não encontrando a vaga ideal e que, talvez, precisava declarar a vaga como o estacionamento ideal para ele. Mas o tema da determinação e da responsabilidade pela vida própria continuou obscurecido por muito tempo pela fixação no complexo materno.

O segundo tema era o de *ficar preso*: "Estou subindo num elevador. Em algum momento, ele para, mas, mais uma vez, as portas não abrem. Tenho medo de sufocar. Acordo". Esses sonhos vinham acompanhados de um medo da morte. Um sonho relacionado a estes, que também ajuda a esclarecer os sonhos de elevador, é o seguinte: "Mamãe está sentada no meu peito, ela é linda, macia e quente. Quase sufoco, mas ainda consigo respirar um pouco". A mãe não se parecia com a mãe real, era simplesmente "a mãe", provavelmente a representante de seu complexo materno. Ela o sufocava, mas ele ainda conseguia respirar. E não devemos esquecer que ela era macia e quente. Nessa situação, ir embora não era possível nem necessário para sobreviver.

"Ser traído – essa dor enlouquecedora"

Como o complexo materno originalmente positivo se manifesta no nível relacional

Na verdade, ele nunca tinha se entregado a um relacionamento. Estava numa fuga constante. Uma explicação possível e corriqueira é que o homem com um complexo materno originalmente positivo está sempre à procura da deusa-mãe[47] e que, por isso, nenhuma mulher terrena pode lhe bastar. Vejo outra explicação no fato de que as pessoas com um complexo materno originalmente positivo têm grandes dificuldades de se separar. Separações destroem a sensação de pertença e exigem que a pessoa volte e se organize em seu próprio si-mesmo. Mas isso significaria um desligamento do complexo materno e o desenvolvimento de um si-mesmo próprio. No caso de Balthasar, ficou evidente que até mesmo eventos insignificantes de separação provocavam uma depressão e afetavam gravemente a sua autoestima.

No entanto, sua resistência ao envolvimento com outras pessoas também tinha uma história. Aos 19 anos de idade ele teve seu primeiro relacionamento com uma mulher. Em sua visão, a relação tinha sido muito romântica, muito sensual. Ele tinha muitas fantasias sexuais, que o atacavam e vivificavam ao mesmo tempo. Para poder realizar essas fantasias, ele queria se casar e, já que não tinha nenhuma profissão, continuar morando na casa de seus pais como seus irmãos faziam. A namorada não gostou dessa ideia, deixando bem claro que ela amava *ele*, e não a *sua família*. Aparentemente, ela também se sentia sufocada no relacionamento e reclamava

---

47. Von Franz, 1970.

que ele a *sugava*. Certa vez, ela o chamou de *brigadeirinho* – já na época, ele não era muito magro. Ele nunca a perdoou por chamá-lo assim. Ele a interpretou como traição e se sentiu destruído.

Sentimentos de amor e as respectivas fantasias sexuais são, naturalmente, incentivos de desenvolvimento, que me ajudam a desligar-se dos laços dos complexos materno e paterno.

Quando o amor ativa novas imagens na psique, as antigas imagens dominantes passam para o segundo plano por um tempo; isso permite desenvolver novos aspectos da personalidade, juntamente com novas emoções e modos de comportamento[48].

E a traição também não deveria ter tido um efeito tão catastrófico. A sensação de ter sido traído é um sentimento importante no decurso do processo de individuação. Quando nos sentimos traídos, muitas vezes pelo pai ou pela mãe, somos lançados na individuação. É a vivência dolorosa da solidão no lugar do acolhimento por um grupo de pessoas, mas é também uma situação em que podemos nos perceber como uma pessoa individual[49]. Evidentemente, Balthasar vivenciou essa situação de traição pela primeira vez no relacionamento com aquela jovem; por isso sua única opção era a separação. Ele ficou de luto por dois anos, durante os quais passou a escrever poemas. Ele se lembra de que, a uma das poesias, ele tinha dado o título de *Mulheres são como lulas*. Dois anos depois, ele conheceu um homem, pelo qual se apaixonou um pouco, mas ao qual não se entregou mais. "Eu não quis mais correr o risco de sentir aquela dor enlouquecedora."

---

48. Kast; Pflüger, 1988, p. 34.
49. Hillmann, 1979, p. 81ss.

Um aspecto típico do complexo materno originalmente positivo de um homem é a expectativa de que a vida e o mundo o nutram e admirem como uma mãe que dá tudo de si pelo filho. Visto que as pessoas com essa atmosfera complexada se aproximam de outras pessoas com autoconfiança, convencidas de que as outras são um enriquecimento da vida, estas outras pessoas costumam responder de forma mais amigável, generosa e calorosa do que de costume. A própria pessoa e a vida formam uma unidade, por isso tudo é possível. Por isso, porém, é também difícil ter que sacrificar algo quando se acredita poder ter tudo. Nesse caso, a problemática consiste no fato de que essas pessoas estão à procura de um parceiro ou de uma parceira que consiga realizar todos os desejos. Sempre existe a leve preocupação de que o parceiro atual possa impedi-las de encontrar o parceiro, a parceira realmente melhor. Isso gera inquietação e insegurança no âmbito relacional. Além disso, já que o desenvolvimento da determinação não é uma preocupação enquanto o complexo do eu se identificar com o complexo materno, essas pessoas costumam ser escolhidas; não são elas que escolhem.

Outra razão pela qual os relacionamentos de Balthasar não duravam era seu desejo em grande parte inconsciente de ser amado e apoiado incondicionalmente, sem ter que oferecer o mesmo ou algo semelhante. Esse seu comportamento, que alguns de seus parceiros masculinos chamavam de extremamente *infantil* – algo que escandalizava Balthasar –, também é uma consequência do complexo materno originalmente positivo: ele acreditava que podia simplesmente aproveitar e desfrutar do amor que ele recebia em abundância e até mesmo em excesso. Este é o lado positivo. O lado problemático é que o amor unilateral apaga, quando é sempre o mesmo parceiro que se deixa mimar na posição de criança.

Percebemos então: esse complexo materno originalmente positivo tinha se transformado em uma prisão para Balthasar, fato que se expressava em seus sonhos. A impressão que a imagem passa é que ele vive num ventre materno ampliado e até mesmo aconchegante, mas que perde grande parte de sua atração pelo fato de não poder ser abandonado.

Uma mãe não só nutre a criança no útero, ela também a expulsa na hora certa. Essa expulsão na hora certa também é um movimento feminino primordial no sentido da vida. Uma mãe boa transmite a sensação do acolhimento, da nutrição e do aconchego, mas também da expulsão na hora certa. O tema da expulsão, de ser lançado na vida própria, na responsabilidade própria, está ausente nesse complexo materno originalmente positivo, por isso mais tarde ele se transforma em um complexo materno negativo. A mãe da vida do complexo materno, que representa a possibilidade de vivenciar, aproveitar, apreciar e esperar a abundância da vida – em todos os níveis possíveis – que transmite a sensação de uma vida rica que apoia e carrega, se transforma em uma mãe que protege ao ponto de quase matar. A abundância não pode ser aproveitada e se transforma numa fragmentação insuportável das próprias forças, o desfrute se transforma em armadilha porque a vida se reduz a desfrutar, e a sensação de apoio se transforma em sentimento de prisão.

Em outras palavras: quando a expulsão do *paraíso materno* não pode ser vivenciada como algo que dói, mas que também provoca uma abertura, que permite viver a própria vida, e se separações são evitadas, então a morte não é reconhecida como realidade e, em decorrência disso, a vida se torna como que morta. Poderíamos definir o objetivo da terapia de Balthasar da seguinte forma: Balthasar precisa nascer.

Refiro-me aqui à afirmação de Erich Fromm: "A maioria das pessoas morre antes de ter nascido completamente"[50]. Esse objetivo pode ser alcançado se Balthasar se entregar à relação terapêutica. Ele tentou isso, ele estava pronto para isso. O objetivo maior pode ser alcançado se as constelações complexadas individuais são processadas[51]. No entanto, é também de suma importância formular e se conscientizar dos valores que se encontram em cada constelação complexada. Seria impensável trabalhar com esse homem sem, às vezes, compartilhar utopias maravilhosas, sem ouvir suas histórias inspiradas e inspiradoras.

---

50. Fromm, 1959, p. 406, § 53.
51. Para a técnica de processar complexos, cf. Kast, 1990, p. 179ss.

"Depois de uma boa refeição, você suporta quase tudo"
O complexo materno originalmente positivo na mulher

Balthasar tinha uma irmã, para a qual ele conseguia transferir facilmente o complexo materno. Ele falava muito dessa irmã, e eu pude conhecê-la um pouco melhor quando surgiu a necessidade de procurar um terapeuta para ela. Isso me ofereceu a possibilidade de comparar o complexo materno originalmente positivo, provocado pela mesma mãe, com o mesmo pai e mais ou menos no mesmo espaço materno. A irmã de Balthasar é três anos mais velha do que ele.

Durante a terapia, o próprio Balthasar se perguntava constantemente, por que a sua irmã tinha uma vida tão mais fácil do que a dele. Eles não tinham sido criados na mesma cozinha? Portanto, deveriam ter a mesma estrutura de complexos. Evidentemente, isso não é necessariamente assim; seria, por exemplo, possível que a irmã fosse cunhada principalmente pela relação com a avó ou por uma relação com o pai diferente da de Balthasar com ele. A facilidade, porém, com a qual Balthasar transferia seu complexo materno para a irmã permite a hipótese de que eles tiveram cunhagens semelhantes. Segundo as afirmações de Balthasar, a vida da irmã era mais fácil porque ela era visivelmente mais satisfeita, porque tinha uma família com marido e cinco filhos, não sofria de depressões nem bebia. Sua hipótese era: a vida é mais fácil para as mulheres quando elas não se desligam de um complexo materno originalmente positivo.

Ele não é o único a defender essa hipótese. Nesse contexto, devemos recorrer às teorias de Nancy Chodorow[52], que investiga o desenvolvimento de identidade na mulher e no homem. Sua ideia básica é que, na identidade com a mãe, a menina também já adquire os fundamentos de sua própria identidade, enquanto o garoto é obrigado a desenvolver a sua identidade contra a mãe. Ele precisa se distanciar, se separar da mãe, colocar-se em oposição a ela para poder se identificar como homem. Chodorow acredita também que a importância da rivalidade entre homens ainda teria a ver com a procura pela identidade e com a aquisição de identidade. Em relação aos complexos maternos originalmente positivos, isso significaria que o homem que não consegue se desligar na idade apropriada sofre de um distúrbio de identidade, de uma coerência do eu ruim e, por isso, de uma exposição maior a distúrbios psíquicos em todos os níveis.

No complexo materno originalmente positivo, a mulher preservaria a base de sua identidade, ou seja, ela seria muito menos afetada na vivência de sua identidade. No entanto, permaneceria dependente da mãe, ou seja, imatura.

"Não vai agradecer?"

Barbara

A irmã, vamos chamá-la de Barbara, por ter sofrido uma crise depressiva, estava à procura de um terapeuta que domi-

---

52. Chodorow, 1985, p. 248ss.

nasse tanto a terapia analítica quanto a terapia corporal, tendo conhecimentos também em terapia comportamental e em terapias espirituais. Esse desejo um tanto extravagante foi apresentado como algo absolutamente natural. Pedi que Balthasar me contasse um pouco sobre a sua irmã.

A vida da família de Barbara acontecia numa *kitchenette*, apesar de ser dona de uma casa grande. A atmosfera era comparável à que tinha existido na cozinha da mãe, mas tudo era mais arrumado e limpo. Barbara gostava de cozinhar, e cozinhava bem; também era um pouco mais cheinha, mas isso nunca a tinha incomodado, mas agora, de repente, ela sofria com seu excesso de peso. Os outros irmãos a visitavam com frequência, era o lugar onde todo mundo se encontrava. No Natal, umas quarenta pessoas chegavam a se apertar naquela *kitchenette* que, na verdade, havia sido projetada para abrigar no máximo dez pessoas. Mas isso era extremamente aconchegante, apertado, sim, mas muito agradável. O marido de Barbara também gostava disso, ele também sabia desfrutar da vida, mas era uma pessoa mais quieta, que, de vez em quando, sabia levantar a voz para impor certa ordem. Ele era jardineiro, um homem muito realizado em sua profissão. Balthasar se admirava com isso, visto que ele nunca tinha conseguido se estabelecer profissionalmente.

Barbara parecia depender totalmente de seu marido. Frases como "Devemos primeiro perguntar para o papai"; "Papai vai arrumar isso"; "Esperem até papai voltar para casa" eram usadas com frequência. Quando ela se dirige ao marido como *pai*, ela diz também que se vê como filha, colocando-se assim no mesmo nível de seus filhos.

Sua depressão irrompeu quando todos os filhos se desligaram ao mesmo tempo e às pressas e, juntos, alugaram um apartamento. Esse êxodo havia sido provocado quando o pai comunicou ao filho de 24 anos que, nessa idade, ele já não deveria mais estar morando na casa dos pais. Diante dessa intervenção escandalosa, todos os outros filhos – com exceção do caçula – saíram de casa e fundaram uma república de irmãos.

Balthasar afirma que todas essas crianças são interessantes, mas também um pouco inescrupulosas. Ele não aprova a saída deles de casa. Apesar de entender intelectualmente a intervenção do cunhado, ele acredita que ela poderia ter sido um pouco "mais delicada" e ter ocorrido "um pouco mais tarde".

É interessante que esses jovens, como comunidade fraternal, são capazes de criar uma atmosfera de complexo materno suficientemente positiva para abandonar a cozinha materna. No entanto, eles também precisaram do incentivo do pai.

Barbara reagiu a esse êxodo com uma forte depressão. Ela não dorme bem; não consegue cair no sono e acorda muito cedo, totalmente exausta, sem conseguir se levantar. Ela diz que a vida não tem mais sentido, que tudo é vazio e deserto. Ela lamenta não ter tido mais um filho tardio para poder mimá-lo.

Barbara parece se identificar com a mãe: ela tem o mesmo número de filhos que a mãe e procura criar uma atmosfera semelhante à atmosfera da cozinha da mãe. Contanto que a mulher tenha os mesmos ideais para sua vida como a mãe, essa vida não é tão ruim assim. Por isso ela era invejada pelo irmão. Sua reação forte à separação dos filhos adolescentes poderia ser um indício de que ela se identifica em grande parte com o papel de mãe de seu complexo materno originalmente positivo e que agora teria chegado a hora de se desligar do complexo materno originalmente positivo. Ela não se identifica com seu papel como esposa. A mãe tinha se casado com um homem com dependência química; Barbara, por sua vez, juntou-se com um homem-pai materno. Provavelmente, ela vivenciou seu próprio pai de forma pouco paterna. Agora, ela se casou com um homem que sabe lidar bem com o aspecto feminino. Mesmo que seja um pouco idealizado pelo cunhado, ele é um homem que sustenta sua família com o cultivo da natureza. Apoiar a natureza em seu crescimento tem algo de materno. Mas ele também busca manter estruturas de ordem: no jardim e na cozinha. Ele não assusta os outros exigindo um excesso de estrutura, mas tranquiliza a situação insistindo num mínimo de estrutura. Impõe-se a hipótese de que esse homem foi cunhado por um complexo materno e paterno bastante equilibrado, com uma preferência nítida por uma atmosfera materna positiva, que não o assusta.

Portanto, Barbara foi capaz de encontrar um parceiro que consegue suportá-la em seu sistema de complexos, ao mesmo tempo em que completa esse sistema. No entanto, Barbara não era simplesmente igual à mãe, de acordo com as descrições de Balthasar: as crianças deveriam ter um comportamento independente, ao mesmo tempo em que se agarrassem à sua saia – isso como reação à opinião dela de que ela e seus irmãos tinham sido limitados demais pela mãe em sua independência. Mesmo assim, ela se parece com a mãe. Alimentação também era muito importante para ela. Suas diretrizes: "Depois de uma boa refeição, você suporta quase tudo". Ou: "Primeiro é preciso estabelecer uma boa base". O que ela queria dizer com isso era que uma boa refeição era a precondição para todo o resto. Barbara também sabe criar uma atmosfera erótica e sensual em sua volta, igual à sua mãe. E ela também tem dificuldades de se separar. A depressão em decorrência da partida precipitada de seus filhos – precipitada porque, por ter sido adiada por tanto tempo, ocorreu agora de forma tão repentina – poderia apontar para a crença de que, em seu sistema, também é "pecado ir embora", mesmo que, talvez, mais oculta do que na mãe. É fácil entender a reação depressiva: até então, Barbara tinha extraído sua identidade em grande parte de sua identificação com o complexo materno originalmente positivo na identificação com seu papel de mãe. Ela tinha vivido uma forma de maternidade já quase arquetípica. Sua própria identidade para além da realização do papel certamente teria sido necessária de vez em quando, mas, aparentemente, não com uma urgência inevitável. Agora, porém, ela precisa ser ela mesma, sem possibilidade de adiamento. A depressão desafia seu ser si mesma. Ela se queixa de ter alimentado bocas famintas "durante toda uma vida", e qual era a recompensa? Eles simplesmente a abandonaram. Essas afirmações são típicas de uma pessoa com uma estrutura depressiva. Mesmo assim, ela não se sente presa, mas sente que voltou à "estaca zero", que precisa recomeçar. Precisa parar de ser mãe. Precisa também construir uma nova relação com seu marido. Quando ela o repreendeu cautelosamente por causa de comentário ao filho, ele disse que queria aproveitar a vida só com ela e que, em algum momento, queria viver com ela sem filhos. Evidentemente, ele sente a necessidade de ser não só pai, mas também parceiro.

Se compararmos irmão e irmã, veremos que Barbara realmente teve uma vida muito mais satisfatória do que seu irmão. No entanto, ela também não realizou muitos de seus talentos, mas, de certa forma, ela optou pelo "destino natural".

"De algum jeito, tudo vai dar certo"
Agnes

Uma mulher de 40 anos busca terapia porque seu marido quer se separar dela. Ela ainda está casada, há uns oito anos ela tem um namorado. Durante muito tempo, seu marido acreditou que se tratava de uma amizade platônica. Quando descobre que era um engano, ele quer se separar de sua esposa. Os dois têm dois filhos. A mulher, que chamaremos de Agnes, exerce a profissão em que se formou na universidade.

As roupas de Agnes são divertidas. Há laços por toda parte. Ela fala cantarolando, sua voz lembra um pouco uma garotinha. Apesar de falar um dialeto já muito melódico, sua voz chama atenção. Ela parece infantil, um pouco caprichosa, amável e amigável. Ela passa a impressão de uma criança ingênua, que se admira facilmente. Com os olhos assustados e arregalados, ela conta que seu marido tem ataques de raiva. Ela não entende isso, suas intenções são as melhores, ela não está fazendo mal a ninguém. Por que, então, de repente esse ódio?

Seu marido é um pouco maternal e rigoroso às vezes. Ele sempre a chama de "minha filha encantadora". Antigamente, ela gostava desse apelido, mas agora já se cansou dele.

O homem que ela conheceu há nove anos e com o qual mantém um relacionamento desde então a percebe como mulher, não como criança. Ele também é muito sensível e empático, mas menos maternal; é mais companheiro e a desafia mais. Ela não quer desistir de nenhum dos homens; ela ama os dois, e os dois não interferem na vida um do outro. Além disso, existem ainda amigas de sua mãe falecida com as quais ela mantém contato próximo e que lhe são muito caras. Ela também tem uma melhor amiga com a qual passa muito tempo e que ocupa um lugar importante em sua vida. Ela investe muito tempo e energia em seus relacionamentos. Ela também gosta de desfrutar da vida, mais de relacionamentos e dos impulsos que recebe deles do que de comida. Não entende por que algo deveria ser excluído de seus relacionamentos. Seu marido é o único que acha que isso não dá. Ela mesma não vê razão alguma para tomar qualquer decisão; afinal de contas, ela raramente toma qualquer decisão, e quando decide algo, isso acontece no emprego, onde, às vezes, é inevitável. De vez em quando seu marido a critica por causa disso e se irrita bastante.

Depois de longas discussões, ele a deixou. Agora, ela está um pouco surpresa por estar sozinha de repente com seus dois filhos. Ela se surpreende também com todas as tarefas que precisa enfrentar, agora que precisa fazer tudo sozinha. Ela constata que, aparentemente, lida de forma bastante generosa com o dinheiro, mas acredita que o dinheiro deve circular. Até agora, porém, só seu marido sabia o quanto ela ganhava. Ela sempre esquecia. Ela percebe que não sabe educar seus filhos. Diz sobre si mesma que, na verdade, ela é como um terceiro filho, que agora é obrigado a cuidar dos outros dois, mas acrescenta: "De algum jeito, tudo vai dar certo". Enquanto a ouço, começo a me preocupar cada vez mais, mas ela está tão convencida de que, de alguma forma, tudo dará certo, que ela consegue me convencer.

Agnes se interessa muito por arte. A arte plástica e a literatura a vivificam. Ela poderia passar horas falando de obras de arte, frequentemente compara imagens de sonhos com imagens artísticas e fica feliz quando percebe que suas imagens oníricas apresentam alguma relação com as imagens produzidas por artistas. Ela reconhece nisso algum vínculo e um movimento interior de tudo com tudo que existe no mundo. Ela se sente parte de um todo maior e se interessa por efeito que ela tem como parte sobre o todo. Ela é uma ótima sonhadora e facilmente compreende e descreve o mundo de sua imaginação. Ela está muito próxima do inconsciente, também é muito sensível na interação com as pessoas e se interessa pela vida espiritual. Ela espalha uma atmosfera do tipo: a vida existe para ser aproveitada. Tudo existe em abundância. E não faz muito sentido se esforçar demais, pois isso nos impede de ver as coisas que vêm ao nosso encontro.

Ela também não quer abrir mão de nada, não quer tomar nenhuma decisão, só quer aproveitar. Ela projeta a "Grande Mãe" bondosa sobre o mundo e a vida e fica surpresa quando as pessoas não se comportam de acordo com sua expectativa complexada. Para a sua idade, ela preservou uma ingenuidade notável e, de vez em quando, eu me pergunto se ela tem vivido neste mundo. Ela nunca tem pensamentos maldosos, nunca quer o mal, não tem sombra, isto é, ela praticamente nada sabe sobre a sua sombra. Às vezes, ela se irrita quando outros tentam tratá-la com condescendência. E é o que acontece quando ela se deixa mimar, pois, normalmente, isso traz também algumas exigências. Mas ela não fala disso. Seu emprego não é problemático para ela. Há treze anos ela trabalha no mesmo lugar e, na maior parte do tempo, considera seu trabalho interessante. Como ela se tornou aquilo que é? Ela se casou aos 25 anos de idade, era o que sua mãe esperava dela. Ela encontrou o que precisava, um marido maternal, que também era capaz de impor estruturas em sua vida. E sempre era ele que tomava todas as decisões. Então apareceu seu namorado: ela encontrou mais na vida do que precisava. Visto de fora, esse relacionamento faz sentido: no relacionamento com seu marido, ela ainda ocupava a posição de filha; seu marido era, evidentemente, um pai maternal, mas no relacionamento com o namorado ela é parceira. Essa amizade poderia mostrar que ela se desligou um pouco de seu complexo materno e paterno. Também parece ter chegado a hora de se decidir contra ou a favor de algo. O fato de ela não conseguir mais fugir de uma situação de decisão a deixa impotente: "Preciso tomar cuidado para não cair num buraco". Para impedir que caia num buraco, ela vai a palestras, visita exposições de arte, encontra-se com pessoas com as quais pode ter conversas inspiradoras. Nessa situação, ela também poderia ficar depressiva; ela poderia cair num buraco, o que ela entende como um estado de tédio e de não saber como dar conta da vida, mas também como um estado em que ela poderia perder a confiança na vida. Mas ela não cai num buraco, ela consegue se inspirar e então volta a se sentir bem e viva.

"Enquanto você for a pequenina"

A gênese da cunhagem desse complexo

Os pais de Agnes se divorciaram quando ela tinha 4 anos de idade. O pai se tornou insignificante depois disso e faleceu cedo. Agnes não vivenciou a morte do pai conscientemente. Ela se lembra principalmente do convívio com a mãe, que a protegia amorosamente e que era carinhosa e a mimava. Ela recebia tudo da mãe, era bem-nutrida física e intelectualmente. A mãe teve namorados, mas ela nunca se sentiu excluída. Agora, em retrospectiva, ela fica pensando, é claro, que, se os dois se amavam, ela era excluída, mas ela nunca tinha percebido isso. No jardim de infância, quando as outras crianças falavam de seu pai e elas a perguntavam sobre seu pai ausente, ela respondia com orgulho: "mas nós temos namorados" – um sinal claro da proximidade dela com a mãe.

Ela se lembra de uma imagem: ela, aos 6, 7 anos de idade, está sentada no colo da mãe. A mãe está lendo algo para ela. Elas estão muito próximas, Agnes ouve a batida do coração da mãe. Ela pergunta para a mãe: "Você também ouve o meu coração?" Ela vê essa imagem nitidamente em sua imaginação; ela até consegue descrever o cheiro da mãe e, então, vê um feixe de luz voltado para elas, como que de um holofote. Mas ela sabe que elas nunca tiveram um holofote desse tipo, só lâmpadas normais. Essa ideia de iluminação deve destacar a relação íntima entre as duas e colocá-la no centro das atenções. Então ela conta que continuou a se sentar no colo da mãe quando já era muito grande e pesada para isso. Mais tarde, a mãe se sentava no colo dela de vez em quando. Sua mãe sempre tinha ideias, era uma mulher muito interessada que, evidentemente, sabia entreter a sua filha. A filha, por sua vez, nunca questionou o programa da mãe.

Essa mãe morreu há três anos. Logo depois da sua morte, Agnes se sentiu destruída, não entendia por que ela não tinha morrido também. Então ela encontrou sua mãe em seus sonhos. Para ela, isso era um sinal claro de que sua mãe continuava viva, mesmo que no além. Essa separação tão nítida entre o aquém e o além era desnecessária, era um pensamento patriarcal, ela como mulher não precisava aceitar isso.

A experiência feita por Agnes é típica: pessoas falecidas podem aparecer com grande vivacidade nos sonhos; na maioria das vezes, porém, com alguma mudança, muitas vezes aparecem mais jovens. A maioria das pessoas entende esses sonhos como indício de que a pessoa continua viva de alguma forma, e muitos tentam, a princípio, estabelecer um contato com o além. No decorrer do processo onírico, porém, torna-se evidente que esses falecidos devem ser interpretados como figuras internas[53].

Mas Agnes se recusava a pensar assim. Ela vivia uma simbiose com a mãe morta no além. Nem mesmo a morte separa. "Os mortos convivem conosco, e lá do além minha mãe consegue me proteger melhor." Durante a separação de seu marido, o luto pela mãe falecida se tornou um problema sério. Agora, nessa segunda separação, o tema não podia mais ser evitado.

Para Agnes, era difícil encontrar expressões que indicassem algum confronto problemático com a mãe. Isso simplesmente não existia. Finalmente, tivemos êxito em nossa busca no mundo profissional. Ela constata que, via de regra, permite que os outros tomem decisões sobre ela. Mas nos últimos tempos, ela percebe que os colegas encontram soluções para ela que não são boas, mas que são vantajosas para eles. Antigamente, eles cuidavam melhor da *pequenina*, assim os colegas costumavam chamá-la em tom amoroso e ao mesmo tempo zombador. A partir desses episódios, deduzimos uma afirmação complexada: "Enquanto você for a pequenina, você ficará bem". Essa afirmação implica que ela não pode *crescer* e que, no fim das contas, também não pode ir embora. Agnes é fixada em seu papel como filha. Mesmo quando interage com seus filhos e deveria assumir o papel de mãe, ela permanece em seu papel de filha. Isso chega ao ponto de o filho mandar nela. Sua filha percebe isso e se irrita, lembrando a mãe de suas obrigações emancipatórias.

---

53. Kast, 1982, p. 67ss.

Se essa afirmação complexada "Enquanto você for a pequenina, você ficará bem" era uma afirmação em sua juventude que impedia seu desligamento de seu papel de filha, surge a pergunta de como a mãe vivenciou o casamento? Isso não era um abandono? Agnes nega e diz, levantando os ombros: "Simplesmente nos casamos". Eu entendi que ela se casou com o marido, mas o que ela queria dizer é que os três se casaram. O relacionamento com a mãe não foi alterado pelo casamento, sua mãe e seu marido se entendiam muito bem. Ela pôde se casar e continuar sendo a filha da sua mãe.

Agnes é uma analisanda excepcionalmente amigável. Ela traz material muito interessante, consegue aplicá-lo facilmente ao seu dia a dia, mas se interessa muito mais pela dimensão *eterna* de seus sonhos. Ela está no papel de uma filha que gosta de aprender e que é muito inspiradora. Percebo com frequência que quero reagir energicamente: "Agora deveria acontecer isso e aquilo". Eu seguro essas reações. Ela só me ouviria de olhos arregalados. Provavelmente não entenderia minha onda de energia.

Às vezes, vivencio em meus sentimentos a sombra separada dela. Então tenho dificuldades de aceitar o mundo cor-de-rosa dela, irrito-me diante de sua passividade agressiva. Eu consigo explicar para ela o processo relacional entre nós. Ela entende a interação, até gostaria de mudar, tornar-se mais determinada, sentir sua raiva para o bem de sua vida, mas também para me agradar.

Fazemos uma terapia de luto. Tento conscientizá-la de sua relação com sua mãe e seu marido e explicar para ela que, em ambos os casos, algo fundamental mudou. Os sonhos dela são uma grande ajuda. Há também sonhos que não estão tão relacionados ao processo de luto. Com frequência, sonha com casas. Num sonho, por exemplo, ela precisa procurar uma casa em que deseja morar. Ela não consegue se decidir. Às vezes, há mulheres da idade dela que vivem nessas casas. Mas todas elas são mais *maduras* do que ela; ela não as conhece, mas gostaria de conhecê-las. Essas mulheres estranhas misteriosas são partes fascinantes da *anima*, que trazem um impulso de desenvolvimento claro e que a desligam do fascínio pela mãe, prometendo um novo fascínio. Às vezes, os sonhos simplesmente tentam despertar a sonhadora. Ela precisa procurar uma casa própria, um espaço de vida, um espaço de proteção próprio. Para isso ela precisa despertar, dar espaço às partes femininas desconhecidas de sua psique, conhecê-las.

O caso dessa mulher mostra nitidamente como a própria psique oferece uma possibilidade de desligamento da mãe; *anima* e *animus* nos ajudam a desligar-nos dos complexos parentais.

Ressalta-se aqui menos o aspecto do trabalho nas cunhagens de complexos e nas constelações de complexos resultantes no dia a dia, mas a absorção de novos impulsos da psique, que, na maioria das vezes, é acompanhada pelo "deixar-se dominar" pelos fascínios[54].

Perda e separação não são previstas
Comparação do efeito das duas cunhagens de complexos

Barbara e Agnes, ambas se destacam por uma identidade segura como mulheres durante determinado período da vida, identidade essa que lhes transmite uma boa autoestima e lhes comunica que estão inseridas *corretamente* numa vida rica

---

54. Kast, 1993.

que cada uma pode desfrutar do seu jeito. Ambas têm relacionamentos que as satisfazem, até separações se tornaram inevitáveis, separações de pessoas que significavam algo para elas. Quando ocorre uma separação, o desafio nunca consiste apenas em desligar-nos de pessoas, sempre consiste também em termos de definir novamente a nossa identidade. Precisamos nos despedir do nosso eu relacional e voltar a organizar nosso eu individual, e normalmente esse processo exige também um passo claro de desligamento, não só das pessoas das quais nos separamos, mas também dos complexos materno e paterno ou dos papéis coletivos impostos.

Barbara se identifica claramente com a posição de mãe de seu complexo materno originalmente positivo, mas, no relacionamento com seu marido, ocupa o papel de filha. Agnes, apesar de ter se tornado mãe "de passagem", como se essa fosse a coisa mais natural do mundo, permanece no papel de filha de maneira muito mais evidente. Além de seu papel como mãe, ela possui áreas essenciais na vida que ela reivindica viver e que insiste em manter. O papel de filha lhe oferece mais opções do que o papel de mãe; no entanto, é provável que a mãe de Agnes tenha ativado em sua filha um número muito maior de áreas na vida do que a mãe de Barbara.

Ao descrever a *anima*, a literatura tenta sempre de novo definir quatro tipos de mulheres: fala de Eva, Helena, Maria e Sophia. É claro que nenhuma mulher pode ser classificada totalmente como um desses tipos de mulheres. Mesmo assim, podemos dizer que a mãe de Barbara deve ter sido mais do "tipo Eva", enquanto a mãe de Agnes tinha algo de Helena, Maria e Sophia. Além disso, a mãe de Agnes tinha sido cunhada de forma mais clara por um complexo paterno do que a mãe de Barbara. Ambas as mulheres apresentam uma tendência de reagir a perdas com distúrbios depressivos, sendo que Agnes dispõe de capacidades consideráveis de produzir um bem-estar por conta própria. Tudo indica que ela transformou e integrou grande parte do incentivo maternal, que ela vivenciou com sua mãe, para si mesma. Os interesses de Agnes não são simplesmente os mesmos de sua mãe, ela cultivou seus interesses muito mais do que sua mãe fazia. Os impulsos vinham da mãe e eram, entrelaçados com essa boa atmosfera maternal, garantia do reestabelecimento de uma boa atmosfera de vida em tempos difíceis. Já que eram complexados, eles continham também certa coerção, mas era uma coerção que teve um efeito favorável para Agnes, já que não exigia nada dela que tivesse contrariado sua personalidade. É, portanto, a característica das mães que despertam um complexo materno positivo que, pelo menos durante a primeira fase do desenvolvimento da criança, elas não lhe impõem nada que não estivesse predisposto na criança. O que chama atenção em Agnes é a negação total da sombra, o que surpreende ainda mais visto que, como mulher culta, ela conhece o conceito da sombra, mas admite com certa impotência que ela não consegue sentir nem perceber a sombra em si mesma. Mas ela não a nega de modo a permanecer a boa e a transformar os outros em maus. Isso resulta necessariamente de seu comportamento relacional, mas em sua atitude ela é, devido à sua cunhagem pelo complexo materno originalmente positivo, generosa e não acusa ninguém de querer o mal, pelo menos não intencionalmente.

Viver e deixar viver
Os aspectos típicos nos complexos maternos originalmente positivos

A essa altura, deve ter ficado claro o que torna tão difícil identificar os aspectos típicos nesses complexos maternos originalmente positivos. De um lado, esses complexos maternos originalmente positivos se desenvolveram não só em sintonia com a mãe, mas também na interação com outras pessoas de referência. Mas mesmo que a pessoa de referência mais importante tenha sido a mãe e poucas outras pessoas participaram da formação do complexo materno, existem mães muito diferentes com suas respectivas constelações de complexos. No caso da mãe de Balthasar, podemos falar de uma mulher que, com certeza, também tinha sido cunhada por um complexo materno originalmente positivo. Sabemos que o centro da vida da mãe de Balthasar era a alimentação, o aconchego e a produção de acolhimento. Existem, porém, também outras mães, como a de Agnes, que produzem um grande aconchego por meio da narração de histórias; outras têm as áreas criativas em seu centro relacional. E todas essas mães conseguem produzir um sentimento de pertença, a sensação de aconchego, nas diferentes áreas de vida que são importantes para elas e que também são expressão de sua própria cunhagem fundamental de complexos. Elas conseguem transmitir para a criança que ela é interessante e significativa. Assim, conseguem transmitir para a criança também que a vida é rica, que ela a sustenta; conseguem ajudá-la a vivenciar a plenitude e vivacidade da vida. Na mesma medida em que essas mulheres aprenderam a lidar com separação e perda, elas também terão a possibilidade de, no relacionamento com seus filhos, dar impulsos de desligamento adequados para a respectiva idade. Nesse caso, os filhos lidarão não só com um complexo materno originalmente positivo, mas com um complexo materno positivo que lhes permite se desligar na idade apropriada[55].

Outra dificuldade ao identificar os aspectos típicos do complexo materno originalmente positivo consiste no fato de que não são somente as mães que influenciam a formação do complexo materno; existe também um espaço maternal, um espaço de vida no qual ocorrem e são vivenciadas coisas maternais. Fazem parte dele animais, plantas, o ambiente. O espaço materno é facilmente transferido para o espaço de vida como tal. Parece-me, porém, que o complexo materno originalmente positivo é formado também a partir da interação com a natureza e com as coisas[56]. A esse espaço materno pertencem também várias pessoas, a atmosfera em que crescemos, o pai, os irmãos, os avós ou simplesmente as pessoas que fazem parte da nossa vida. Mechthild Papousek, por exemplo, ressalta que os métodos atuais da pesquisa sobre recém-nascidos mostram que não existe quase nenhuma diferença entre o estabelecimento de contato da mãe com o bebê e o estabelecimento de contato do pai com o bebê.

---

55. Cf. Kast, 1990, p. 74ss.
56. Enke, 1993, p. 63.

As semelhanças na interação com os bebês pesam mais do que as diferenças típicas aos gêneros, que existem naturalmente[57]. Por isso podemos supor que aspectos essenciais do campo materno também são ocupados pelo pai.

A possibilidade de manter um relacionamento com várias pessoas diferentes e de, assim, construir diferentes facetas do complexo materno pode fazer com que um complexo materno que, a princípio, é limitante, não consiga limitar a vida inteira, mas apenas determinadas áreas. Dependendo das estruturas de complexos que o pai, contanto que exista, contribui para o espaço materno, outros valores e temas da vida também adquirem importância.

Independentemente da cunhagem de complexo, existe em cada pessoa também o impulso de se desenvolver, um impulso que busca a autonomia. Por isso, encontramos pessoas com o diagnóstico de um complexo materno originalmente positivo, mas cujo complexo do eu mesmo assim se desligou parcialmente desse complexo materno. A maioria das pessoas trabalha em si mesma. Quando um relacionamento lhes espelha determinadas peculiaridades, elas tentam mudar isso. Por isso dificilmente encontraremos pessoas que estão no mesmo ponto em seu desligamento do complexo materno originalmente positivo, o que dificulta ainda mais a descrição dos aspectos típicos. Além disso, é preciso observar que a maioria das pessoas é dominada não só por um complexo, mas que existem vários complexos que interagem uns com os outros e também relativizam uns aos outros. Em vista de todas essas restrições, onde fica o típico?

---

57. Papousek, p. 29-49.

Pessoas com um complexo materno originalmente positivo vivem segundo o lema: "Viver e deixar viver", talvez até "desfrutar e deixar desfrutar". A vida é boa, elas também são boas – sim, são um enriquecimento na vida. Elas se abrem cheias de confiança para o mundo, esperam o bem e, muitas vezes, colhem o bem. Elas desenvolvem uma confiança básica[58] na vida, que pode até ser excessiva. "De algum jeito, sempre dou um jeito" é uma afirmação central das pessoas com essa cunhagem de complexo. Essa confiança pode se transformar também em inércia, em uma postura de achar que elas têm direito natural a tudo. Elas tendem a querer *tudo*, a desfrutar de *tudo*, por isso demonstram uma preferência por teorias que visam ao *todo*. Visto que o campo materno e, portanto, também o complexo materno se formam desde o início da vida, eles abrangem também o período pré-verbal. Mesmo que o campo materno possa mudar em todas as fases de desenvolvimento, ele impressiona como descrição da atmosfera de vida no início da vida e apresenta, por isso, uma relação nítida com a própria fisicalidade e com a capacidade de, como pessoa física, entrar em contato com outras pessoas físicas e, em seguida, com a capacidade de abrir sua intimidade para outra pessoa. Uma das características de um complexo materno originalmente positivo é que a criança é aceita e admirada em toda a sua fisicalidade, não só quando cheira bem. Marcada pela experiência de que a vida cuida dela como uma *Grande Mãe*, ela costuma ter uma relação descomplicada com a matéria. Ela tem direito à satisfação de suas necessidades e lida bem com a matéria. Existe uma proximidade com a sensorialidade no sentido amplo, mas, dependendo da mãe, ela

---

58. Erikson, 1971, p. 62ss.

pode assumir uma coloração diferente. Seria uma simplificação excessiva relacionar o complexo materno originalmente positivo a uma oralidade maior. As pessoas com um complexo materno originalmente positivo são capazes de desfrutar, de desfrutar também oralmente, mas não exclusivamente.

Próximas do inconsciente e numa relação cheia de confiança com ele, essas pessoas costumam ter um grande potencial criativo, mas que nem sempre é realizado. Podem também simplesmente ser fantasiosas. Nesse caso, essas pessoas só prometem, mas nunca concretizam. A fim de trazer ideias para a realidade, é preciso ter perseverança, uma forma de agressividade, uma capacidade de se sacrificar e uma capacidade de suportar frustração. Quando o complexo do eu não consegue se emancipar do complexo materno originalmente positivo, essas pessoas desenvolvem limites inseguros do eu. Nesse caso, elas são ameaçadas também por irrupções de impulsos no sentido mais amplo. As pessoas com essa cunhagem de complexo são amigáveis, generosas e empáticas quando querem; amam a harmonia e a sensação de vida oceânica que lhes permite sentir a união com tudo e que suspende as diferenças entre as pessoas, que permite compartilhar a plenitude da vida no convívio para que surja um sentimento de comunhão apoiado pelo Eros. Ideias de participação[59] são muito importantes. E essa sensação surge quando elas podem realizar tudo, ou pelo menos aquilo que consideram ser *tudo*.

Quando descrevemos de forma resumida a atmosfera do complexo materno positivo tanto em mulheres como em homens, percebemos que a descrição se aproxima muito daquilo que a psicologia junguiana entende como vivência

---

59. Haerlin, 1987, p. 12, 41ss.

da *anima*[60] – da *anima* compreendida como imagem da estranha misteriosa e fascinante. As pessoas em cujos sonhos aparece uma figura de *anima* ou que projetam uma figura de *anima* sobre uma mulher real dizem sobre si mesmas que se sentem psiquicamente vastas, cheias de sentimentos, que sentem um anseio pela suspensão de limites e pela fusão, um anseio que jamais poderá ser realizado completamente. Esse anseio pela fusão pode ser erótico-sexual ou erótico-espiritual. Na maioria dos casos, é um anseio pela suspensão dos limites no nível físico, mas que é vivenciado como algo *holístico*, como algo oceânico, ou seja, jamais como algo *apenas* físico. Segundo a teoria de Jung, porém, *anima* e *animus* são cunhados pelos complexos materno e paterno[61], recebem deles sua coloração especial, mas contêm também os elementos, especialmente no nível arquetípico, que estão ausentes nas cunhagens originais dos complexos e que dão o impulso de desenvolvimento para o desligamento desses complexos originais.

O complexo materno originalmente positivo transmite ao eu a sensação de ser um eu suficientemente bom num mundo suficientemente bom, a sensação de um direito inquestionável de existir. Temos o direito de viver, de amar, de ser amados, de ter um lugar neste mundo; temos um direito de ser respeitados, um direito de expressar necessidades físicas e psíquicas e de satisfazê-las, simplesmente pelo fato de existirmos. Temos um direito de nos realizar no mundo, de participar das riquezas da vida. Sentimo-nos *carregados* pela vida. Haerlin descreveu esse sentimento como sentimento de vida da participação,

---

60. Kast, 1984; cf. tb. Kast, 1993.
61. Jung, OC 9/II, p. 21.

Filhas de pai, filhos de mãe

que ele contrapõe ao eu do desempenho, que precisa mostrar desempenho porque não é *um eu bom*[62].

Nem separação nem decisão

Dificuldades e problemas

O problema principal para a pessoa cunhada pelo complexo materno positivo é o problema da separação, a necessidade de ter que aceitar a existência da morte, o fato de que existem separação e recomeço, interrupções e novas tentativas. Outro problema relacionado ao tema da separação é a necessidade de decidir em prol de algo – e, portanto, também contra algo – toda a aplicação de agressão na vida. Não estou dizendo que essas pessoas não são agressivas: de um lado, elas não têm problema algum em tomar coisas para si; afinal de contas, a plenitude existe para ser aproveitada, uma característica que também já consideramos *agressiva*. Se não conseguiram relativizar seu valor próprio, elas acreditam ser um enriquecimento especial da vida; portanto, esperam receber também a atenção merecida. Quando esta lhes é negada, elas se magoam facilmente; tornam-se *difíceis* e depressivas com as respectivas autoagressões. Podem ser também autodestrutivas – na maioria das vezes, de forma indireta, tomando alguma substância que promete devolver-lhes a sensação oceânica, à qual acreditam ter direito, e libertá-las do *mundo malvado*. Encontramos nelas também a passividade agressiva: simplesmente não ouvem, ingenuamente esquecem coisas importantes, se atrasam... Vivenciamos as dificuldades principalmente quando, ao invés de uma

---

62. Haerlin, 1987, p. 12s.

identidade do eu apropriada à idade, existe uma identidade complexada, na qual o eu se identifica ou com a mãe generalizada do complexo materno – normalmente tendo como fundamento a mãe como *Grande Deusa* em seus diferentes aspectos – sendo sempre também um pouco grandioso, ou com a criança eterna ou com as duas.

Para os homens e as mulheres resultam disso problemas de identidade diferentes: os homens podem ser um pouco femininos demais, também maternais demais – isso, porém, é uma descrição do mundo patriarcal que, talvez, se beneficiaria se os homens fossem um pouco mais sensíveis e emocionais – ou ainda têm uma aparência infantil na idade avançada. As mulheres, por sua vez, identificadas com seu papel de mãe, podem chamar pouca atenção, se é que não consideramos uma identificação exclusiva com o papel de mãe como algo anormal, ou elas podem preservar o aspecto de menina e se comportar como filhas.

Os temas comuns das afirmações complexadas nas vinhetas de casos eram: ser reprimido, a proibição de viver a própria vida de modo apropriado à idade, tornar-se si mesmo. Isso não só não facilita nem apoia o desligamento, este é visto como *mau* e, portanto, como algo *culposo*. Existem diferentes razões para isso: pessoas dependentes têm dificuldades de conceder autonomia aos filhos. E quando os filhos ajudam a manter uma autoimagem idealizada da pessoa de referência, elas são obrigadas a permanecer parte do sistema pelo máximo de tempo possível. Com filhos, os pais conseguem criar a sensação desejada do complexo materno originalmente positivo. É um sentimento de vida de riqueza e plenitude, vivificado pela participação incentivadora e estimulante no relacionamento com os filhos. Por isso, é compreensível quando é difícil sacrificar esse sentimento de vida. O apoio para a expulsão está ausente também naqueles sistemas em que a agressão não pode ser expressa de forma construtiva. Então, a agressão é usada na proteção contra o mundo, no isolamento, não no encontro criativo com o mundo.

Uma promessa eterna
Complexo materno positivo e estrutura depressiva

Essa cunhagem de complexo, caso não ocorra o desligamento apropriado a cada idade, é a base para uma estrutura depressiva. O próprio complexo do eu não se desenvolveu o bastante, a atividade do eu e a diferenciação entre o eu e as outras pessoas permanecem em segundo plano. Além disso, existe uma grande necessidade de aceitação e amor. Quando esta não é satisfeita ou não é satisfeita na medida em que a pessoa deseja, ela tenta passar para o nível do desempenho. Ela tenta satisfazer as exigências e expectativas do mundo. Na verdade, porém, ela está com raiva porque o mundo não satisfaz suas próprias exigências legítimas. Essa raiva não pode ser expressa, a raiva separa. Então ela se volta contra a própria pessoa. Surge assim um sentimento de culpa latente: "Deve existir alguma razão pela qual o sentimento de vida não é mais tão maravilhoso quanto era antigamente". Sentimentos de culpa, mesmo que reprimidos, surgem quando a pessoa é uma *promessa eterna* e ainda não satisfaz as altas expectativas que os outros e que a própria pessoa nutrem e que, de alguma forma, deveriam ser satisfeitas. A princípio, esse fracasso é compensado com fantasias de grandiosidade, a pessoa se convence de que está esperando seu grande momento, mas, por baixo da superfície, existem sentimentos de culpa, que, juntamente com a coerência insegura do complexo do eu, com a agressão indisponível e incontrolável, leva a surtos depressivos.

Os sentimentos de culpa têm um sentido profundo: a pessoa torna-se culpada em seu próprio desenvolvimento, em seu próprio ser si-mesmo, ela não ousa viver a própria vida. Se formos sinceros, devemos reconhecer que, muitas vezes, só acreditamos estar vivendo nossa própria vida; na verdade, porém, vivemos aquilo que os complexos materno e paterno coletivos predominantes escolheram para nós. Passamos a ter uma identidade coletiva, mas não a nossa própria.

É preciso lembrar também que esse tipo pode desenvolver também transtornos de ansiedade, contanto que o complexo do eu não tenha conseguido se desligar desse complexo materno. O tema de desenvolvimento psicológico em cujo contexto a ansiedade é relevante é a transição da simbiose para a individuação, a transição da dependência para a independência, da obediência para a responsabilidade própria, do inconsciente para uma consciência maior, da fusão para um destaque próprio maior. A pergunta que precisa ser feita aqui – e todos os transtornos de ansiedade estão relacionadas a ela – se nós nos tornamos autônomos, se conseguimos usar nossas agressões ou se inibimos nossas agressões e não conseguimos nos desenvolver e desligar da simbiose. Jung define o medo dessa forma: "a jovem parcela da personalidade que é impedida e retida diante da vida produz medo e transforma-se em medo"[63]. O passo da simbiose para a individuação, da vivência da união com a mãe para a vivência de si mesmo como personalidade independente é uma separação. As primeiras

---

63. Jung, OC 5, § 457.

Filhas de pai, filhos de mãe

separações que a criança sofre decidem quanto medo ela terá, com que competência saberá lidar com separações mais tarde em sua vida, em que medida se permite ser ela mesma. Mas também todas as outras separações mais tarde na vida continuam a decidir se aprendemos a lidar com o medo, se conseguimos lidar com a vida a despeito do medo.

Talvez o leitor se surpreenda diante da constatação de que um complexo materno originalmente positivo pode ser a causa de uma estrutura depressiva e de diferentes transtornos de ansiedade. Seguem disso também *fenômenos narcisistas* como grandiosidade, uma predisposição maior para se sentir magoado, exigência de muita atenção juntamente com o respectivo surto depressivo quando a atenção não é disponibilizada de forma confiável. Para um complexo do eu suficientemente delimitado e coerente, não basta a atenção, a atividade do eu no sentido de uma delimitação precisa ser permitida e incentivada ou, no mínimo, não pode ser inibida. Tanto a estrutura depressiva como os transtornos de ansiedade apontam para o fato de que o ser si mesmo é respeitado insuficientemente, que a individualidade é vivida de forma insuficientemente responsável. E isso pode acontecer justamente a partir de uma situação de plenitude, quando essa plenitude representa a expectativa *normal* à vida. Vindo de um complexo materno originalmente positivo, as pessoas trazem consigo a lembrança de um direito de existência inquestionado, mas também trazem a consciência de terem de sacrificar bastante da indiferenciação em prol da individuação.

Temas fundamentais que costumam acompanhar essa constelação de complexos são separação e participação, plenitude e esgotamento, vida e morte, o impossível e o viável, visão e encarnação etc.

Luto se transforma em alegria

As deusas-mães – uma digressão

Jung partia da ideia de que um bebê possui uma "consciência muito pouco desenvolvida"[64], que ele não vivencia primariamente a mãe real, mas uma *imagem primordial* da mãe. "[...] a mãe é uma vivência arquetípica. A criança a vivencia de modo mais ou menos inconsciente, não como uma personalidade determinada, individual e sim como a mãe, um arquétipo carregado de uma infinidade de significados possíveis. No decorrer da vida esta imagem empalidece e é substituída por uma imagem consciente, relativamente individual, considerada a única imagem materna possível. Mas no inconsciente a mãe continua sendo uma poderosa imagem primitiva que, no curso da vida individual e consciente, passa a colorir e até a determinar as relações com a mulher, a sociedade, o mundo dos sentimentos e dos fatos, de uma maneira tão sutil que em geral o consciente nem percebe este processo"[65].

Jung parte de uma suposição que, hoje, é questionada pela pesquisa com bebês. A criança vivencia *realidade* desde o início, ela não preenche primeiro uma relação com a fantasia arquetípica, que, no decorrer da vida, recua diante da realidade. Mesmo assim existem em crianças e adultos anseios pela *mãe*, que se parecem muito, e é impossível que isso se deva apenas à vivência da própria mãe. Por isso, parece-me que se confirma a hipótese de que existe algo materno arquetípico – no sentido do anseio por algo especificamente materno, mas também no sentido de que as pessoas podem desenvolver

---

64. Jung., OC 10, § 49.
65. Ibid., § 64.

Filhas de pai, filhos de mãe

aspectos maternos em relação a si mesmas e em relação a outros, aspectos estes que não se desenvolveram na interação com sua mãe. Ou também no contexto de que imagens de mãe são vivificadas em sonhos e fantasias, imagens estas que, aparentemente, apresentam poucas relações com a própria mãe. Provavelmente, então, imagens de mãe arquetípicas são vivificadas e evocadas na psique da pessoa individual por meio do relacionamento com a mãe. E essas imagens de mãe, em parte realmente inconscientes, exercem uma grande influência sobre nossas expectativas relacionadas ao materno, mas também sobre a definição do papel de mãe.

Por isso, sempre que falamos de imagens arquetípicas, devemos perguntar também em que medida elas são influenciadas por uma ideologia, em que medida elas solidificam relações de dominação existentes ou em que medida – e isso também está contido no conceito dos arquétipos de C.G. Jung[66] – elas contêm elementos não compensados. Elas podem despertar elementos da fantasia que servem ao desenvolvimento psíquico do indivíduo e, pela via da fantasia, até viabilizam vivências que não foram vivenciadas suficientemente na vida concreta e que, então, são iniciadas ou fortalecidas pela fantasia, gerando impulsos criativos. Jung afirma que o processo criativo consiste numa "ativação inconsciente do arquétipo e numa elaboração e formalização na obra acabada", sendo que "a formação da imagem primordial é uma transcrição para a linguagem do presente"[67]. Devemos observar aqui também um aspecto coletivo, pois Jung comenta – e isso também me parece ser possível demonstrar – que podem ser ativados

66. Jung, OC 8, § 339; Kast, 1990, p. 114ss.
67. Jung, OC 15, § 130.

aqueles arquétipos que mais faltam ao consciente coletivo. Poderíamos então, nesse convite criativo – pois só seria um processo se o consciente aceitasse o convite –, contar com uma autorregulamentação da psique, que possibilita vivências não só ao indivíduo, mas permite também coletivamente o confronto com certos conteúdos importantes para a vida atual das pessoas[68]. Em relação aos arquétipos, Jung sempre observa que os tempos antigos conheciam deuses e que, hoje, estes se apresentam como arquétipos do inconsciente[69]. Por isso, deu-se a possibilidade metódica de entender deusas e deuses, inseridos em seus ambientes e mistérios, como elementos estruturais do inconsciente coletivo e dos temas da humanidade vinculados a esses elementos estruturais, que se manifestam na fantasia na forma de lembrança e expectativa.

Nos últimos anos, tem surgido um interesse enorme por deidades femininas, de modo que devemos supor também a partir dessa reação que o feminino tem sido reprimido por tempo demais em seu significado e em sua influência. Um subgrupo das deidades femininas são as deusas-mães. Parece-me que corremos o menor risco de fixar o materno arquetipicamente se tentarmos identificar as experiências de vida típicas relacionadas a algumas dessas deidades maternas e não nos referirmos a elas como seres, o que só seria possível de modo especulativo no contexto da mitologia, ou de as entendermos de modo pessoal e existencial somente quando as imagens de deusas são vivenciadas em sonhos ou fantasias.

As deuses-mães da mitologia são numerosas, e por vezes temos a impressão de que quase todas as deusas são

---

68. Kast; apud Rhode-Dachser, 1992, p. 66-88.
69. Jung, OC 9/1, § 50.

subsumidas na categoria de *deusas-mães*. Isso pode estar relacionado ao fato de que todas as deusas podem, em teoria, também ser mães, mas também parece ser fácil destacar o caráter materno das deusas e assim reduzir drasticamente a multiplicidade dos aspectos de vida abrangidos pelas deusas. Possivelmente isso se deve aos complexos maternos não desligados que permitem que as deusas do amor sejam transformadas tão facilmente em deusas-mães. As estátuas da história primitiva que apresentam uma forte ênfase nas características sexuais femininas, dos seios e do colo feminino, muitas vezes representados como *triângulo feminino* e que fazem parte do culto da fertilidade, poderiam ser entendidas como "primeiro prelúdio à aparição das deusas-mães"[70]. Evidentemente, a capacidade de dar à luz e de alimentar a criança, de lhe dar tudo que ela precisa, era decisiva e, por isso, era *deificada*. Portanto, são principalmente as áreas de dar à luz e de alimentar que distinguem as deusas-mães. A área de dar à luz deveria, porém, ser diferenciada: ela fala da capacidade de absorver, de carregar e expulsar na hora certa.

Então essas características das deusas são transferidas para a natureza: para a Mãe Terra, por exemplo, como criadora e protetora do ser humano e da vegetação. Principalmente quando a deusa-mãe é imaginada como parceira de um deus celestial, ela é identificada com a Terra e pode até receber o nome *Terra*, como aconteceu com a Gaia grega.

A *deusa-mãe* da Ásia Menor é chamada *Grande Mãe*, *Magna Mater*, os gregos a chamavam de Cibele, "mais frequentemente, porém, simplesmente de *Meter Oreia*, a 'mãe da

---

70. Grimal, 1967, p. 29.

montanha'"[71]. Por isso, a pedra é usada como símbolo da deusa-mãe Cibele. Em seu culto, havia os "sacerdotes eunucos, que tinham se castrado pessoalmente em homenagem à deusa-mãe. Insere-se aqui o Mito de Átis, amante de Meter (título grego da *Magna Mater*), que é castrado e morre embaixo de um abeto, mas continua como *parhedros* (companheiro) da deusa"[72]. Em geral, ela também era interpretada como *Terra Mãe*, e assim os detalhes de seu culto foram transferidos também para os eventos naturais: a castração dos eunucos correspondia à colheita das espigas de grão, e quando eles se feriam com espadas e facas, isso correspondia ao ferimento da terra pelo arado etc.

Segundo Burkert, o sucesso do culto de Méter se fundamentava no "santuário geográfico fixo e no seu clero constante"[73]. Por volta de 205 a.C., os romanos solicitaram o "envio da 'Mãe'"[74], e assim surgiu um centro do culto de Méter no Palatino em Roma. Os eunucos devem ter correspondido a Átis. Outra deusa-mãe conhecida é Deméter. Deméter significa mãe do grão ou mãe da terra (*Ge Meter*)[75]. O mito, que conhecemos relativamente bem[76], relata que Hades sequestrou Perséfone, filha de Deméter, e a levou para o submundo. Então Deméter se retirou em ira e luto, e o trigo deixou de crescer. Por intermédio de Zeus, acordaram então que Perséfone passaria um terço do ano no submundo, e dois terços do ano com sua mãe.

---

71. Burkert, 1990, p. 13.
72. Ibid.
73. Ibid., p. 40.
74. Ibid.
75. Lurker, 1979, p. 114s.
76. Riedel, 1986.

Perséfone é tida como deusa do submundo, um aspecto de Deméter, Cora como moça, outro aspecto de Deméter, alegorizada no trigo verde. O que impressiona nesse mito é o luto selvagem impregnado de ira de Deméter, sua recusa de participar da vida e de falar, até ser provocada ao riso e beber o suco de cevada. O culto de Deméter tinha como festival principal as tesmofórias. Nessa festa das mulheres, leitões vivos, cobras e pinhas eram jogados na caverna de Deméter. A festa deveria incentivar a fertilidade das mulheres e, em analogia, a fertilidade da terra, mas havia também uma conexão clara com os grandes temas da descida e da ascensão, da morte e do renascimento no sentido mais amplo.

Evidentemente, esse mito pode ser compreendido como simbolização da periodicidade no âmbito da vegetação, mas podemos compreendê-lo também como um mito sobre o mistério da fertilidade feminina, não só no nível físico. Essa fertilidade é cíclica, sempre passa por períodos de descida e inatividade, para então aparecer de novo e se apresentar em um novo florescer e se concretizar nas frutas da terra. É uma fertilidade que inclui a morte como período de inatividade. A ideia de que a deusa-mãe seria também em um de seus aspectos a deusa da morte certamente tem a ver com esse pensamento cíclico, também com as representações da morte como *ir para casa*, o que pode ser interpretado facilmente como *ir para casa, para a mãe*.

Outra deusa-mãe, talvez a deusa-mãe no sentido mais restrito, é a Ísis egípcia. Sobre ela, lemos: "No princípio era Ísis, a mais velha das velhas". Dela descendem os deuses e os seres humanos. Como criadora, ela pariu o sol[77]. Seu leite ou san-

---

77. Walker, 1983, p. 453s.

gue alimentava os deuses e os seres humanos. O significado de Ísis resulta de sua relação com Osíris. Osíris é símbolo do deus morto, que, de maneira milagrosa, é salvo da morte por Ísis. Osíris tinha um irmão inimigo, Seti. Seti matou Osíris e seu cadáver se decompôs no mar. Ísis e Néftis percorreram a terra em busca de Osíris. Ísis encontrou o cadáver dilacerado de Osíris, recompôs seu corpo e, com seus lamentos, o despertou e concebeu com ele o deus Hórus, que tinha uma cabeça de falcão – o que indica que, originalmente, ela era uma deusa do céu – que ela criou às escondidas e cuja pretensão ao trono do reino ela conseguiu impor. Ísis, frequentemente representada com o menino Hórus em seu braço, é uma precursora de Maria, mãe de Deus. Ela se distingue de Hator no aspecto maternal, em destaque maior em Ísis, embora represente também muitos outros aspectos. Visto que tinha superado a morte, ela era venerada também como feiticeira, mais tarde, caluniada como bruxa; como tal ela ajudou o deus do sol em sua luta contra a noite. Em tempos greco-romanos, Ísis era vista como deidade cósmica, como guia das estrelas, como rainha dos mares etc. Ísis e sua sombria irmã gêmea Néftis eram a variante egípcia da mãe da vida e da mãe da morte.

É interessante que, nesse contexto, a deusa do submundo suméria Ereshkigal é descrita como estando em dores de parto no submundo, no reino dos mortos. Nesse mito, a deusa da morte é também a deusa da vida.

Um elemento central das festas de mistérios de Méter, de Deméter e de Ísis, era que o luto se transformava em alegria[78]. "O luto de Deméter termina quando Perséfone retorna, e a festa é encerrada com 'júbilo e balançar das tochas', na festa

---

78. Burkert, 1990, p. 63.

Filhas de pai, filhos de mãe 101

de *Magna Mater* segue ao 'dia do sangue' (*dies sanguinis*), o dia da 'descontração', *hilaria*; os rituais de luto no culto de Ísis terminam quando Osíris é encontrado, representado nas águas do Nilo: 'Nós encontramos, alegramo-nos juntos'"[79]. Nessa interpretação, Ísis é compreendida como a terra ou como o "poder fertilizante na terra e na lua, Osíris, como força fertilizante do Nilo"[80].

Plutarco ativa outro nível de interpretação quando contrapõe o "princípio bom, gerador de união" – representado por Ísis, que sofre e gera vida – ao princípio da divisão e destruição – simbolizado por Osíris e Seti. A vivência de um princípio gerador de união, a efetuação da transformação do luto em alegria, que corresponde à transformação da experiência da separação em experiência de participação, a experiência de que vida e morte dependem uma da outra, as funções biológico-maternas mais restritas: conceber, parir, alimentar e entregar ao próprio destino, simbolicamente o poder fertilizante na terra como força que permite todo crescimento e o mantém vivo enquanto necessário, mas também a retirada da força quando chega a hora, em relação íntima com plantas e animais – esses são os temas arquetípicos relacionados à deusa-mãe.

---

79. Ibid.
80. Ibid., p. 70.

Agressão e queixa
Desligamento do complexo materno mãe originalmente positivo

O fato de eu sempre ter falado do complexo materno originalmente positivo significa que ele não permanece positivo se o complexo do eu não se desenvolver de modo apropriado à idade. Devem, portanto, existir possibilidades de se afastar e desligar desse complexo materno originalmente positivo para preservar a riqueza que pode ser vivenciada nessa constelação de complexo e transferi-la para a vida vivida. Os contos de fadas nos apresentam desenvolvimentos exemplares sobre esse tema. Os contos de fadas têm a vantagem em relação às descrições de processos terapêuticos de serem exemplarmente sucintos e representarem processos típicos do desenvolvimento.

No entanto, não apresentarei uma interpretação minuciosa de contos de fadas, mas me referirei apenas às necessidades de desenvolvimento no contexto do desligamento do complexo materno originalmente positivo, como as encontramos no herói do primeiro conto e na heroína do segundo conto de fadas.

O cavaleiro com o riso sinistro

O desenvolvimento masculino num conto de fadas

Era uma vez em tempos remotos – e se tivéssemos vivido na época, não estaríamos vivos hoje. Nossa história seria nova ou velha. Mas nem por isso ficaríamos sem história – foi na época que dois se casaram.

Pouco tempo depois do casamento, o homem morreu, e a mulher ficou para trás sozinha. Nove meses depois do casamento – nem um dia sequer mais cedo nem mais tarde – ela deu à luz. Era um menino. Por estar tão sozinha na época em que teve o menino, ela o amava tanto que não o teria vendido nem mesmo por uma tonelada de ouro. Por vinte e um anos ela o criou amamentando-o em seu seio, e durante todo esse tempo a criança jamais ultrapassou o limiar da porta.

Assim era, para o bem ou para o mal. A mãe trabalhava e labutava o tempo todo por ele. Quando percebeu que sua mãe já estava entrando na idade senil, ele disse a si mesmo que tinha chegado a hora de fazer algo pela sua mãe e de lhe dar conforto para o resto de sua vida.

Ele saltou da cama, se posicionou no centro do quarto, se estendeu e enfiou a cabeça até os ombros pelo teto da casa. Assim permaneceu até sua mãe voltar para casa.

"Que seu levantar lhe faça bem, querido", ela lhe disse. "Não está sendo mal-educado saindo de seu cesto para olhar em volta?"

Quando ouviu a voz da mãe, ele curvou a coluna e encolheu a cabeça. Então ele disse: "Você já se esgotou demais por minha causa, mãe, e agora chegou a hora de eu me esforçar por você".

"Melhor tarde do que nunca, garoto do meu coração", ela respondeu.

"Agora me dê alguns trapos de roupa, mãe, para que eu me cubra antes de me misturar às pessoas". Então ela pegou alguns lençóis e os amarrou com um barbante, pois não tinha agulha. Assim que vestiu a calça, ele saiu da casa às pressas e nem parou para descansar até chegar a um lugar em que estavam construindo um grande castelo. Multidões de homens estavam trabalhando na construção. Quando os trabalhadores viram o rapaz alto, magro e exausto, cada um se apavorou e saiu correndo como um rebanho de ovelhas que está sendo caçado.

O filho da viúva se admirou quando viu as pessoas fugindo dele. Quando chegou no castelo, não viu ninguém além do capataz. Dirigiu-se a ele e pediu um emprego. Já que o capataz tinha medo dele, ele não lhe recusou nada. Perguntou ao capataz o quanto ele pagava aos trabalhadores como salário. Este lhe disse. Então o filho da viúva lhe disse: "Se eu fizer o trabalho de doze homens, você me pagará o salário correspondente?"

"Sim", disse o capataz.

"Qual é o primeiro trabalho que devo fazer para você?"

"Ali está um bloco de pedra. Doze homens conseguiam levantar uma pedra dessas até a altura de quatro paredes. Venha. Prove sua força nesse bloco".

O filho da viúva agarrou o bloco de pedra e partiu com ele como se fosse uma pedrinha.

Quando o capataz viu isso, enfiou a mão no bolso e lhe deu cinco libras. Ele lhe disse que agora deveria ir até a loja e comprar uma roupa decente. Depois deveria voltar ao trabalho. Ele lhe pagaria o salário de doze homens.

Quando o filho da viúva recebeu o dinheiro, ele não foi preguiçoso e correu até a loja. Quando os vendedores o avistaram, todos morreram de medo dele; e quando perguntou por roupas decentes, todos queriam satisfazê-lo. Por causa do seu medo, esqueceram de exigir o preço pela roupa, e depois de ter saído da loja havia muito tempo, eles continuaram a ficar cada vez mais fracos. Tal era o susto que eles tinham levado ao vê-lo.

Ele se vestiu então dos pés até a cabeça, e nenhum filho de rei em toda a superfície da terra tinha uma aparência mais bela e nobre do que o filho da viúva.

Nem mesmo o olho mais aguçado de um ser vivo teria reconhecido sua figura e sua aparência. Quando ele voltou ao trabalho, o capataz, em vez de contratá-lo, começou a se subordinar a ele.

Pois acreditava que era filho de um rei vindo do Oriente para cortejar a "bela Leámuinn de bochechas douradas", filha do rei que estava construindo o palácio.

Tudo estava bem e nada mal. Para resumir uma longa história – o filho da viúva permaneceu na construção do palácio até faltar apenas o telhado. Não é necessário dizer que, ao voltar para casa, trouxe muito dinheiro para a mãe.

Pouco tempo após completar os muros do castelo, o rei mandou proclamar por todo o país: não importava quem fosse, mesmo que fosse um pobre miserável sem roupas no corpo – se ele ousasse trazer a madeira para o telhado do castelo montado nas costas da enorme serpente que se escondia na floresta, ele receberia dele, do rei, a sua filha Leámuinn de bochechas douradas como esposa. Mas cada um que fracassasse nesse empreendimento morreria na hora.

O filho da viúva estava em casa descansando. Certo dia, disse à mãe: "Que eu seja acometido por calamidade e miséria se não tentar a minha sorte! Não desviarei nem um passo do caminho reto, até ter testado a minha força nesse empreendimento de levar a grande carga de madeira nas costas da serpente gigantesca até o castelo. Então receberei a filha do rei como esposa".

"Se você seguir o meu conselho", respondeu a mãe, "você não tentará sua sorte com ela. A serpente gigantesca matou multidões de pessoas desde os tempos do grande dilúvio. Temo que, se você se envolver com ela, sua vida não durará".

"Você não faz ideia, mamãe, de que a medula dos meus ossos contém a força de cem homens pelo fato de você ter me amamentado por 21 anos. Nada que exige força me assusta nesta terra. Adeus, mamãe, e quando nos revermos, a filha do rei será a sua nora".

Ele partiu correndo, tão rápido quanto sopra o vento de março, uma milha com cada passo e doze milhas com passos grandes. Assim atravessou o país até chegar ao castelo do rei. Ele o saudou, e este retribuiu a saudação.

"Ouvi", ele começou, "que aquele que cumprir a tarefa de acordo com seu decreto receberá como recompensa a bela Leámuinn de bochechas douradas".

"Sim", disse o rei. Ele se admirou extraordinariamente ao contemplar o filho da viúva; em toda a sua vida ele nunca tinha encontrado um homem mais belo do que este que estava diante de seus olhos.

"Acredito", disse o rei, "que seus membros e suas mãos são finos e delicados demais para o trabalho de um rapaz bruto".

"A ponta do pináculo mostra a perfeição!" disse o filho da viúva.

"Você é um jovem corajoso", comentou o rei, "mas acredito que também a sua cabeça adornará a ponta da lança sobre meu grande portão, onde já há tantas".

O filho da viúva não perdeu tempo, voltou-se para a porta e saiu correndo para a floresta. No meio da floresta havia um grande lago. Nele vivia a serpente gigantesca e raramente saía para a terra. Mas sempre que saía, ela devorava tanto que aquilo a satisfazia por uma semana sem a necessidade de ir à caça.

Cathal – pois este era o nome do filho da viúva – caminhava pela floresta. Ele olhava atentamente para todos os lados. Não demorou, e ele avistou o rastro pegajoso da serpente na grama. Ele seguiu o rastro até avistá-la a distância. Ela parecia estar dormindo.

Ele agarrou um ulmeiro, o arrancou com as raízes e abriu quatro pés no fundo da árvore. Então arrancou outro tronco da terra, um freixo, e o carregou numa mão como se fosse um cajado. Então, rápida e sorrateiramente, se posicionou na ponta do rabo da serpente, prendeu a parte inferior do tronco do ulmeiro sob o rabo, prendeu dois pés do rabo entre a abertura do tronco e atravessou o tronco e o rabo com um calço. No instante em que o calço atravessou seu rabo a serpente deu um salto e ergueu Cathal acima da floresta. Ele se agarrou na copa da árvore. Com grande força, Cathal derrubou o verme gigante. A serpente não teve sorte. Ao cair, ela tentou agarrá-lo, para levá-lo consigo. Mas ele levantou o freixo e lhe desferiu um golpe lateral, abaixo das orelhas, o que a lançou num sono inconsciente por cinco horas.

Agora Cathal começou a derrubar árvores com raízes e tudo e a arrastá-las por todos os lados e jogá-las na cabeça da serpente. Quando acreditou ter juntado madeira suficiente para o palácio, ele desferiu mais um golpe na orelha esquerda da serpente. Isso a fez chiar. Mas ele continuou a castigá-la, golpe após golpe, até ela seguir suas ordens até alcançar o rebanho de gado do rei. Os homens do rei estavam de guarda na janela mais alta. Quando avistaram Cathal e viram a montanha de madeira sendo arrastada na frente dele, eles acharam que era o maior feiticeiro do mundo. Não acreditaram no que viam. Não acreditaram que, em toda a terra, existiria um homem capaz de dominar a grande serpente como ele tinha feito.

Após conduzir a serpente com a carga de madeira até o portão do castelo, ele a largou ali e esperou no portão. O rei saiu e foi até ele.

"Que seus ossos saudáveis continuem a alegrá-lo!" o rei disse. "Você é o herói mais corajoso desta terra".

"Seu elogio me agrada", respondeu Cathal, "e acredito que agora fiz o bastante para merecer a sua filha".

"Estou disposto a dá-la para você", disse o rei, "no entanto, você precisa se apresentar a ela pessoalmente".

"Não tenho nada contra isso", respondeu Cathal.

O rei o levou até os aposentos de Leámuinn, e os dois conversaram. Ela disse a ele: "Até agora, você só conquistou um terço de mim. Agora, você precisa levar a serpente de volta para a floresta e matá-la. Quando isso estiver feito, você deve viajar para o Oriente e, de hoje em um ano, trazer-me notícias do 'cavaleiro com o riso sinistro', por que ele não ri há sete anos? Além disso, deve me trazer uma prova da morte da 'terrível velha de dentes frios'. Quando tiver feito tudo isso, eu concordarei em tomá-lo como meu esposo. Mas saiba: se não cumprir as tarefas dentro de um ano, eu transformarei seus ossos em pó e cinzas!"

"Que azar, alfaiate!" disse Cathal e não foi mais visto.

Não demorou, e a madeira estava descarregada. Ele tomou seu cajado de freixo e, com toda a sua força, desferiu um golpe nas orelhas da serpente. Rapidamente, a serpente tinha voltado com ele para a floresta. Ele começou a golpeá-la com a ponta grossa da árvore até ela não se mexer mais. Então tirou uma faca do bolso e cortou a ponta da língua da serpente, temendo que alguém passasse por ali e então dissesse à filha do rei que ele tinha matado a cobra. – Ele nem voltou, mas foi diretamente até a costa para viajar imediatamente para a Índia Oriental.

Ele encontrou um barco na praia e o levou para o mar, a proa voltada para a água, a popa voltada para a terra. Levantou as velas coloridas, as grandes e pequenas, até as pontas dos mastros. O barco tinha remos para doze homens. Um terço de sua velocidade provinha das remadas, dois terços, das velas, de modo que o navio voava pela superfície do mar, erguendo-se quase ao ponto de tombar e então caindo novamente até quase se encher de água. O barco levantava a espuma do mar e a areia cinzenta. Diante dele, ele via o mar verde-azul; atrás dele, avermelhado como sangue. O vento nas velas e o murmúrio da maresia eram para ele como um sussurro amável. Nenhum pássaro no Oriente cujo canto ele não ouvia no gemido dos seus remos.

Não demorou, e ele chegou no porto do Oriente. Por causa do movimento rasante em que se encontrava a embarcação, ela invadiu a terra em nove léguas, até um lugar em que não corria risco de ser queimado pelo sol nem de ser castigado pela tempestade.

Um arbusto de língua de boi lhe ofereceu proteção. Agora, Cathal descansou e se colocou de pé. Suas juntas estavam um pouco enrijecidas. Seus ossos eram como os de uma pequena criança. Só recuperaram sua flexibilidade quando ele começou a andar. Caminhou sem parar. Muitas vezes, sentiu seu corpo fraco e exausto. Percebeu que estava sozinho numa terra estranha, sem amigo nem ajuda, e lembrou que o tempo urgia.

Ele perdeu o ânimo quando contemplou sua situação, sem mãe e sem esposa, sem lar e sem abrigo. Mas ele reuniu toda a sua força e continuou sua

Filhas de pai, filhos de mãe

caminhada. Também não tinha medo nem pavor de nada que encontrava pelo caminho. Depois de alguns dias, de repente, ele se viu no meio de um grande rebanho e num lugar em que encontrou muitos prédios. No muro, crescia musgo cinzento, pois ninguém cuidava dele. Depois de rondar o muro por um tempo, ele se deparou com uma porta na parede lateral de uma casa. Era tão baixa que mal conseguiu entrar por ela de quatro. No corredor, viu diante de si a porta do quarto. Lá estava uma senhora idosa, velha. No seu rosto havia uma expressão de tristeza. Ela desapareceu rapidamente no quarto, e algo chamou a atenção de Cathal. Ele ouviu um diálogo entre pessoas no quarto. Então deu um passo à frente e, na porta, se deparou com a velha.

"Esta residência é sua?", ele perguntou. "Ou reside aqui alguém mais nobre do que você?"

"Ela não me pertence", ela respondeu, "mas reside aqui um homem que é melhor do que você. E você é ousado e descarado por entrar aqui e fazer perguntas sobre o morador".

"Diga-me o nome do homem que reside aqui", disse Cathal.

Ela não respondeu. Então, a passos largos, ele passou pela porta e, quando olhou em volta, viu diante de si um homem alto e magro, que estava deitado na cama sem nenhuma expressão no rosto. Antes de Cathal encontrar o tempo para dizer: "Deus te abençoe!", o homem tinha saltado da cama e agarrado Cathal pela goela. Imediatamente, houve um tumulto no quarto. Empurrões e lutas cá e lá. Os dois sujeitos gigantes travavam uma luta como nunca tinha sido vista na terra. Cathal lembrou que não tinha ninguém para ajudá-lo, lembrou de sua mãe que tinha deixado sozinha em casa, e uma angústia raivosa se apoderou dele. Ele empurrou "o homem da cama" com toda força que tinha para dentro do fogo. Quando este sentiu o calor do fogo, ele gritou e implorou que Cathal o soltasse e curasse suas queimaduras. Ele faria o que lhe pedisse.

"Antes de se levantar, diga-me seu nome, caso contrário, não restará vida em você!"

"Eu sou o 'cavaleiro com o riso sinistro', que, há sete anos, não ri".

"Você é o homem", disse o filho da viúva, "que procuro há muito tempo!"

Então o pegou pelas mãos, o sentou na cama e tratou suas queimaduras com saliva. Ele se curou imediatamente e ficou do jeito que havia sido antes da luta.

Então os dois se sentaram e se observaram mutuamente por um tempo, do mesmo jeito como um gato observa um rato.

Não demorou, e o filho da viúva ouviu o grito tão alto de uma mulher que acreditou que ar e terra estavam se chocando um contra o outro naquele abalo que vinha das paredes. De soslaio, olhou para o cavaleiro e percebeu em seu rosto distorcido que aquela gritaria o incomodava. De repente, ele perguntou ao filho da viúva: "Você é filho de quem? Ou de onde vem?"

"Sou o filho de um nobre camponês da Irlanda, e empreendo esta aventura para obter notícias suas e descobrir por que você não ri há sete anos".

"Eu não quero lhe contar isso agora, mas talvez eu lhe diga a causa em outro momento".

O cavaleiro bateu palmas, e quando a velha ouviu isso, ela apareceu.

"Você preparou o jantar?", perguntou o cavaleiro.

"Sim", respondeu ela.

"Traga-o para o quarto!"

Não demorou, e uma refeição boa e gostosa estava diante deles. Cada mordida tinha gosto de mel e nenhuma mordida era igual à anterior. Quando tinham comido e bebido o bastante, eles foram dormir. Depois de deitar, Cathal ficou pensando na gritaria selvagem que tinha ouvido no início da noite e decidiu vasculhar cada pedaço da região sem que ninguém percebesse até satisfazer a sua curiosidade e descobrir de qual peito tinha saído aquela gritaria.

Na manhã seguinte ele se levantou, lavou o rosto e andou pela vizinhança sem antes tomar café da manhã. Depois de ter andado por aí por uma hora, ele percebeu algo a distância. Quando se aproximou, era o cavalo. À distância de um lance de pedra, ele descobriu que era da cor de um rato. O cavalo ouviu o barulho de seus passos, levantou a cabeça e relinchou quando o viu. Imediatamente, outro cavalo se aproximou pelo campo, e ambos os animais se afastaram com a velocidade do vento de março. Cathal os seguiu o mais rápido que pôde e não desviou o olhar deles durante o tempo todo. Finalmente, bem no fim, quando já estava sem ar por causa da corrida exaustiva, ele viu que os cavalos estavam se dirigindo para uma clareira redonda, que se encontrava na floresta. Ele os seguiu até o curral. Justamente quando se agachou para passar por baixo da cerca, um dos animais

relinchou. Pouco tempo depois, ele viu uma mulher velha e alta se aproximar dele com espuma na boca. Assim que ele a viu, sua alma quase saiu de seu corpo, tamanho foi o pavor que se apoderou dele. Quando estava próxima dele, ela disse:
"Se eu te pegar pela barba,
Arrancarei tua cabeça do pescoço.
Cheiro aqui o falso irlandês ladrão".
"Não sou falso irlandês ladrão", disse Cathal, "mas um herói extraordinário".
"O que te agrada mais", perguntou ela, "lutar comigo sobre pedras vermelhas de sangue até eu poder sugar teus ossos como uma sopa ou que eu corte tuas costelas três vezes com faca afiada e arranque tua carne e a corte em fatias enquanto teu sangue escorre pelo chão? Nenhum pássaro encontrará um osso teu. Pois misturo teu cadáver com a terra num raio de sete milhas".
"Prefiro lutar sobre pedras tingidas de vermelho", disse o filho da viúva, "meus membros fortes esmagarão você no chão, de modo que nenhum pássaro prove de sua carne nem cheire os seus ossos".
"Tu me pareces ser demais para uma bocada só e pouco demais para duas bocadas", disse ela. "Se eu tivesse um grãozinho de sal, eu te mastigaria entre meus dentes longos e famintos".
Cathal não baixou a guarda. Tentou agarrá-la, e então houve um grande tumulto. Nunca houve uma luta igual à luta entre os dois, desde o Ocidente do mundo até o outro fim! As pedras que estavam em cima foram empurradas para baixo; as de baixo, para cima. O duro se transformou em mole e das pedras cinzentas jorraram fontes de água.

Quando findou o dia, o filho da viúva estava esgotado. Pensou que não existia ninguém que lamentaria sua morte nem que o esticaria em seu leito da morte. Então agarrou a velha com grande força pelas laterais. Mas ela era tão forte que isso não a abalou. Quando o sol se escondeu por trás da colina, Cathal enfraqueceu, e a velha percebeu com alegria que ela tinha a chance de derrotar o cavaleiro extraordinário. Mas antes de perder totalmente o fôlego, veio uma esconderijeira e se sentou no nariz da velha bruxa. Enfiou seu bico nos olhos dela, e imediatamente ela ficou fraca como um ganso.

Quando ela caiu aos seus pés como uma espiga de trigo, ele se agachou na terra e a golpeou na artéria do pescoço, de modo que ela também não se mexeu mais. Depois de derrubar a velha, enfiou a mão no bolso, tirou a faca e cortou a ponta da língua dela. Então correu até o palácio da bruxa e vasculhou cada canto. Não havia quarto que não estivesse cheio de prata e de ouro.

Mas não viu ali nenhuma outra pessoa. Então voltou até o curral, amarrou os cavalos na manjedoura e voltou correndo para a casa do cavaleiro. Fingiu que nada tinha acontecido. Como já na noite anterior, o cavaleiro lhe ofereceu um ótimo lanche. Depois da refeição, começaram a contar histórias um ao outro. Quando tinha caído a noite e o cavaleiro não tinha ouvido nenhuma gritaria da velha, ele se admirou. Pois acreditava que – visto que ele mesmo não conseguira derrotá-la – nenhum outro no mundo conseguiria vencê-la. Cathal foi o primeiro a iniciar a conversa.

"Não ouço a gritaria da noite passada", disse ele ao cavaleiro: "E acredito que nunca mais a ouvirei!" O cavaleiro sorriu e respondeu: "Aquela velha bruxa mora aqui há eternidades. Ela subjugou a ilha, a incendiou nos quatro cantos de modo que ninguém mais vive aqui além de mim e a velha senhora que me serve. Já travei muitas lutas difíceis com a bruxa, mas tive que abandonar todas as esperanças e desistir de novas lutas. Nenhuma noite se passou nestes sete anos, desde que a miséria caiu sobre mim, em que ela não emitisse essa gritaria na hora morta da noite, para que minha miséria não tenha fim".

"Diga-me a causa de teu riso sinistro", Cathal lhe disse, "você pode ter certeza: a voz da velha nunca mais você ouvirá em toda a sua vida".

O cavaleiro começou a contar as causas de sua tristeza e disse: "Amanhã faz sete anos – nenhum dia a mais nem a menos – que eu possuía aqui um grande reino. Enviei aos mais nobres da terra um convite para que viessem para uma festa. Eu tinha uma casa linda, quente e aconchegante e 24 cavalos prontos para a caça. Quando a mesa estava posta e eu estava sentado à cabeça para cortar a carne, levantei a cabeça e olhei pela janela. Foi quando vi 'o coelho de bafo ruim', como ele se revirava na poça abaixo do curral, e naquele momento em que saiu da poça ele veio de lá para o outro lado. Lá havia linho estendido no chão, e ele se jogou no meio dele, de modo que nenhum centímetro foi poupado da lama. Então veio correndo até a nossa janela. Já que o dia era quente, a janela estava aberta. Ele enfiou a cabeça pela janela e expirou, e seu bafo estragou todas as comidas. Chamei meus servos e ordenei que preparassem os cavalos e soltassem os cachorros. Eu montei em meu garanhão cinzento e fomos atrás do coelho. Às vezes, os cachorros quase conseguiam abocanhar o traseiro do coelho, mas no instante seguinte ele já estava uma milha à frente. Assim ele zombou de nós o dia inteiro. Fiquei animando os cachorros e os meus homens para que seguissem o coelho e o capturassem. Assim continuamos por muito tempo, até o animal nos levar até um grande vale. Ele se estendia entre duas colinas. Quando os últimos do meu cortejo tinham entrado no vale, este se abriu e engoliu meus cachorros, os cavalos, os servos e a mim: de repente estávamos diante de 24 ladrões com seu líder. Começaram a zombar de mim e de meus homens. Um deles pegou uma vassoura e varreu toda a sujeira de sua toca para dentro da boca dos meus homens. O líder se dirigiu a mim: 'Há muita carne aqui se você conseguir cozinhá-la para o seu cortejo'. Ele tinha um porco num grande espeto de ferro e ordenou que eu pegasse o espeto e colocasse o animal sobre o fogo para prepará-lo para os meus homens. Peguei o espeto como tinha me ordenado.

Na época, eu era um soldado forte. Mas mesmo que tivessem ameaçado esquartejar-me, eu não teria conseguido levantar aquele porco do chão. Então o líder perguntou quais atos heroicos nós praticávamos em casa além de comer. Antes de poder responder, ele jogou um grande bloco de ferro no fogo. Uma corrente atravessava o bloco. Quando o bloco estava vermelho de calor, o capitão dos ladrões tirou o bloco do fogo com a ajuda de seus homens. Então colocou seus homens de um lado, e os meus, de outro. Todos pegaram a corrente que atravessava o bloco e começaram a puxá-la, até os ladrões arrastarem todos os meus homens até o bloco. E não deixaram sobrar um centímetro de seus corpos que não tivesse derretido. Fiquei olhando sem saber se fariam o mesmo comigo no próximo instante.

Depois de tratarem meu cortejo desse modo, um deles veio e tinha na mão uma vara mágica. Com ela, bateu nos meus cavalos e cachorros e os jogou num monte como pedras. Pretendia fazer o mesmo comigo. Mas o capitão dos ladrões o ameaçou e disse que eu devia ser o cacique dos homens, que me permitia voltar para casa. Ele abriu o abrigo e me deixou sair e levei um ano inteiro para percorrer o caminho que tinha percorrido num único dia durante a caça ao coelho.

De volta em casa, joguei-me na cama e não me levantei nem voltei a rir a partir daquele dia até hoje. O bando de ladrões enfeitiçou meu lugar e tudo que tinha sido meu, exceto eu e a velha que cuidou de mim. E desde que a miséria caiu sobre mim, não houve uma pessoa capaz de derrotar a velha abominável, que, durante todos esses sete anos, desde que estou nessa miséria, emitiu a sua gritaria. Durante aqueles sete anos ela queimou toda a população da ilha".

"Ela não matará mais ninguém até o Juízo Final!", disse Cathal. "Sim, você teve uma boa razão para estar triste e miserável e não rir por sete anos! Agradeço por ter me contado de onde vem seu riso sinistro. Agora, porém, não se preocupe mais com a velha. Posso lhe dizer: eu a matei".

"Eu achava", disse o cavaleiro, "que nenhum ser humano na terra seria capaz de quebrar-lhe a coluna. Eu estava planejando secretamente lutar com você. Mas agora que você matou a destruidora do país, nada mais tenho contra você".

Depois do jantar, os dois foram dormir. Cathal teve um sono suave e agradável até a manhã seguinte, e quando o dia raiou, ele já estava de pé, preparando-se para ir até o palácio da velha. Ele queria deixar tudo trancado e seguro e guardar tudo para Leámuinn, para quando ela viesse morar ali.

Quando achou que estava na hora do café da manhã, ele procurou o cavaleiro. E, de fato, ele havia preparado uma refeição gostosa para eles. Cathal levantou a cabeça e olhou pela janela. Nisso percebeu algo do tamanho de um cachorro, que passeava perto da cerca. Ele fez um sinal para o cavaleiro para que este olhasse para fora. E quando este levantou o olhar, ele reconheceu: era o "coelho de bafo ruim", o mesmo que tinha aparecido há sete anos.

"Minha miséria e infelicidade!", exclamou ele. "Se tivéssemos cavalos, nós o perseguiríamos novamente".

"Venha comigo", disse Cathal, "logo teremos dois cavalos melhores do que qualquer homem jamais montou".

O cavaleiro seguiu Cathal e seguiram o caminho até a casa da velha. No curral, o filho da viúva agarrou-se nas costas de um cavalo e mandou o cavaleiro montar o outro. Este obedeceu e partiu em galope, seguido por Cathal. Eles não se desviaram do caminho, e o coelho os conduziu pela mesma estrada que o cavaleiro tinha seguido sete anos atrás. Quando chegaram no abrigo dos ladrões, estes caíram em deboche. Cathal gritou: "Estão rindo de quê!", pegou a vassoura e varreu toda a sujeira acumulada ao longo dos sete anos para dentro de suas bocas. Então pegou o porco, pegou-o com a mão como se fosse um monte de palha e o assou por menos de dois minutos. Deu do porco ao cavaleiro para que ele se alimentasse. Então pegou o bloco de ferro, lançou-o no fogo e o tirou das chamas assim que incandesceu. Ele se posicionou ao lado do bloco e os 24 ladrões na outra ponta. E por mais que estes puxassem e ficassem sem fôlego, cada um deles foi transformado em bola de gordura. Ele agarrou o líder e quis fazer o mesmo com ele. Mas o cavaleiro pediu que o poupasse, pois, na época, tinha lhe permitido voltar para casa. "E", continuou ele, "se você me devolver meus homens, cavalos e cachorros que, há sete anos, vieram até aqui, nós o deixaremos em paz e do jeito que está".

O líder foi tomado de medo e pavor. Temia ser morto. Vendo que Cathal tinha a força de centenas de homens, ele reconheceu que seria melhor devolver à vida tudo que tinha vindo até o seu abrigo e que ele tinha tirado do cavaleiro. Ele o fez o mais rápido possível. Pegou a varinha mágica e bateu com ela três vezes no monte de pedras no fundo da casa, e num piscar de olhos tudo voltou à vida como antes: homens, cachorros e cavalos.

Cathal ordenou que abrisse o portão para ele. Isso foi feito imediatamente, e todos foram embora. Não demorou e chegaram em casa, e quando chegaram o cavaleiro viu que o castelo e as propriedades e tudo que pertencia a ele florescia e era lindo como antes. Seu coração se alegrou com a morte da bruxa. Ele e todos os seus homens e mulheres recuperaram a flexibilidade de seus membros. Quando se instalou em sua casa, ele lamentou não poder oferecer uma festa para o seu povo. Não podia fazer isso, pois além daqueles que viviam sob sua proteção, ninguém mais vivia naquela ilha. A velha bruxa tinha destruído tudo. Evidentemente, não pensou mais em matar Cathal (como pretendera quando este invadiu sua casa), mas lhe ofereceu a metade de todos os seus bens. Cathal não aceitou nada disso. Ele sabia que era mais rico do que o cavaleiro. Ele se despediu dele com todos os tipos de bênçãos e lhe disse que, caso permanecesse vivo, ele voltaria a visitá-lo. Não demorou, e chegou em casa.

Quando foi até o palácio do pai de Leámuinn, todos o saudaram. Acreditaram que ele tinha se perdido e que tinha sido moído entre rodas de pedra e transformado em massa de trigo.

Visto que Leámuinn tinha enviado ainda outro além de Cathal e aquele tinha retornado antes de Cathal, trazendo as cabeças da velha bruxa e da serpente gigante, todos consideravam aquele homem o melhor herói do mundo inteiro. Ele também tinha contado a todos que Cathal tinha sido morto, e agora estavam prestes a celebrar o casamento. Foi quando o filho da viúva apareceu. Mas já que Cathal não trazia as cabeças, Leámuinn não acreditou nele. "Eu cortei suas cabeças", disse Cathal, "e quando o fiz, cortei a ponta de suas línguas, e 'a prova de que eu tenho o mingau é que eu o como'. Aqui estão as pontas das línguas que eu cortei após derrotar as duas!"

O rei inspecionou a boca das cabeças e percebeu que lhes faltava a ponta da língua. Imediatamente, ele disse: "Foi Cathal que realizou o ato heroico!" Então este contou para a filha do rei tudo que o cavaleiro tinha lhe dito, e todos acreditaram nele. Leámuinn o abraçou e o apertou contra seu coração.

"Ela o sufocou com beijos,
Ela o banhou em lágrimas,
Ela o secou com panos de seda e atlas".

Quando o cavaleiro viu que estava sendo muito desprezado, ele fez discursos atrevidos contra o rei. Então o filho da viúva estendeu o braço e o acertou no queixo. O cavaleiro se calou para sempre. Para encurtar a história longa: o casamento aconteceu, e pobres e miseráveis foram convidados. Depois do casamento, o filho da viúva levou sua esposa e sua mãe até o palácio da velha bruxa. O ouro e a prata e todos os seus tesouros passaram a pertencer aos seus filhos e netos.

Eles se desviaram do caminho, eu encontrei o caminho certo. Eles morreram, e eu ainda não fui parar no caixão. E se tudo isso for uma mentira, que o cachorro a leve em sua boca[81].

No início, o conto narra um complexo materno originalmente positivo preservado muito além do tempo previsto. Esse complexo materno só pôde ser preservado de forma tão pura porque o pai morreu logo depois do casamento. "Por estar tão sozinha na época em que teve o menino, ela o amava tanto..." Ela o amamentou por 21 anos. Mesmo que essa expressão deva ser interpretada metaforicamente, ela nos diz

---

81. Volksmärchen, 1969, p. 265ss.

muito. A solidão da pessoa de referência também pode ser uma razão pela qual filhos podem não desenvolver uma independência apropriada à idade. Aos 21 anos de idade, Cathal percebeu que a mãe "estava entrando na idade senil" e achou que estava na hora de cuidar dela. Ele sai da cama, ainda contra a vontade já mais fraca da mãe. Sua pergunta, se ele não estava sendo um pouco mal-educado por sair do berço, não funciona mais. Sua empatia com a mãe o tira da cama; sua empatia e uma disposição de ajudar, que pertence ao complexo materno originalmente positivo.

Ele procura trabalho no castelo e, desde o início, conhece o seu valor: ele fará o trabalho de doze homens e receberá o salário de doze homens. Ele trabalha nos muros do castelo, nos muros de uma nova casa, que estabelecerá uma delimitação clara entre o interior e o exterior. Sob um ponto de vista simbólico, ele está trabalhando na delimitação de seu complexo do eu, delimitando também o espaço de sua própria personalidade. Aquilo que o berço da mãe era em termos de delimitação e proteção deve agora ser transformado em um castelo, que também receberá um teto.

Para a construção do telhado é preciso trazer a madeira nas costas de uma serpente gigante, que se escondeu na floresta; quem conseguir realizar a proeza receberá a filha do rei como esposa. Cathal está determinado a tentar sua sorte depois de provar que ele consegue pôr as mãos na massa, conquistar respeito e ganhar o sustento para si mesmo e sua mãe, tudo uma expressão de uma atividade do eu responsável.

Revela-se aqui também a delimitação do complexo do eu na vivência e na produção de um efeito no mundo, efeito este que só pode ser produzido pela personalidade individual; assim, a respectiva pessoa se torna palpável como ela mesma.

Mas o desenvolvimento deve continuar: trata-se, em essência, da capacidade de estabelecer um relacionamento com uma mulher de sua idade ou, em termos simbólicos, de entrar em contato com sua *anima*, sua figura feminina interior misteriosa e fascinante, que lhe permite amar não só a mãe como única mulher em sua vida. Consequentemente, a mãe não aprova muito o seu plano. Ela alerta: a serpente gigante matou milhares de pessoas desde o dilúvio. Ele tranquiliza a mãe lembrando-a – e elevando assim a autoestima dela – de que ela o amamentou por 21 anos; é por isso que ele possui a força de cem homens. Nada que exija força neste mundo pode assustá-lo. Já não é mais a força só de doze homens, mas de cem; ele é tão forte que nada precisa temer neste mundo. E várias vezes ele é descrito como um homem de beleza extraordinária. Ele é forte, belo e cheio de confiança. Essa é uma consequência de ter sido nutrido com tanta abundância. Ele está em posse de sua força plena e está convencido de poder resolver todos os problemas. Agora, terá que provar isso. As tarefas que lhe são postas agora são tarefas em confronto com tudo aquilo que estivera excluído do sistema mãe-filho: ele deve usar a serpente para então matá-la, deve descobrir por que o cavaleiro com o riso sinistro não ri há sete anos e deve trazer uma prova da morte da terrível velha de dentes frios. Se não conseguir, morrerá. São, portanto, as áreas da personalidade que estão escondidas na escuridão, o outro lado do mimo que recebeu da mãe. O que significa cada uma dessas estações?

No meio da floresta, num lago grande, reside a serpente gigantesca, e, quando sai, ela devora o que encontra pela frente para não ter que voltar a caçar tão logo. Parece ser fácil enganar essa serpente, usá-la para então matá-la. Ele consegue identificar aquilo que poderíamos chamar de tendências grandiosas para a regressão, as seduções da preguiça, depois anulá-las e colocá-las a seu serviço com agressão. É uma defesa quase maníaca num grande esforço contra o perigo de permanecer numa preguiça quase metafísica para, então, fazer excursões gananciosas para obter o necessário para viver. Nessa serpente expressa-se o efeito da sombra de seu complexo materno nutridor: ele poderia levar uma existência de parasita preguiçosa, não diferenciada e gananciosa por tudo que possa ser devorado. Ele se opõe a isso por causa da promessa de assim receber a filha do rei. As pessoas com um complexo materno originalmente positivo só lutam contra essas tendências regressivas quando recebem a promessa de algo que melhorará decisivamente a qualidade e, principalmente, a intensidade da vida. Energia não lhes falta, mas elas precisam entender que essas tendências regressivas, que se expressam também em devaneios, que nunca se aproximam tanto das emoções a ponto de poderem ser realizados, são um perigo mortal. Quando entendem isso, elas conseguem mobilizar as forças enormes que possuem.

Se Cathal acredita que, com isso, completou todas as provas e que agora se casará com a filha do rei, esta vê as coisas um pouco diferente: ela sabe que ele ainda precisa enfrentar importantes problemas inconscientes antes de ser capaz de ter um relacionamento. Ingênuo, ele embarca para a Índia Oriental. Novamente, vemos a energia contida nesse sistema, mas apenas um terço dela provém do remador; dois terços são contribuídos pelo vento, pelos elementos. A boa relação com a natureza, a inserção na natureza se mostra aqui. Mas há ainda outro elemento em meio às forças da natureza, em meio das quais ele parece se sentir muito à vontade: "Diante dele, ele via o mar verde-azul; atrás dele, avermelhado como sangue. Em sua busca pelo cavaleiro com o riso sinistro, percebeu que estava sozinho numa terra estranha, sem amigo nem ajuda, e lembrou que o tempo urgia. Ele perdeu o ânimo quando contemplou sua situação, sem mãe e sem esposa, sem lar e sem abrigo. Mas ele reuniu toda a sua força e continuou sua caminhada". Antes, essa solidão ainda tinha sido prazerosa, mas agora ele percebe de repente que está só, sem mãe, sem esposa, sem lugar para ficar. E embora seu gosto de viver sofra uma queda, ele reúne todo o seu ânimo e continua sua caminhada. A cor do mar, que lembra sangue, e os sentimentos de desânimo indicam que ele está entrando em contato com as partes aflitas e desanimadas dentro de si, algo que é típico para o complexo materno originalmente positivo quando o mundo e a vida deixam de se apresentar como mãe bondosa e generosa ou quando uma proeza heroica não pode trazer satisfação rápida. Quando vivencia esses sentimentos de desânimo, ele encontra, como expressão figurativa disso, alguns prédios cobertos de musgo, ou seja, prédios que há muito tempo estão desabitados. Quando finalmente encontra um acesso a esse complexo esquecido ou encantado de prédios, ele se depara com uma mulher velha de rosto triste e um homem alto deitado de costas em sua cama. Este salta da cama e o agarra pela goela. Os dois homens gigantes travam uma luta intensa. Cathal sente que não tem ninguém no mundo que possa lhe ajudar; ele se lembra da mãe, que deixou em casa, e é tomado de desespero. Reunindo todas as suas forças, ele empurra o homem para dentro do fogo. Quando este sente o calor das brasas, ele promete fazer tudo que Cathal pedir dele.

Aqui fica evidente o quanto o *homem na cama* ainda é uma realidade com a qual Cathal precisa lutar. Aqui ele encontra seu *alter ego*, aquela parte de sua personalidade que não consegue se levantar da cama. Um aspecto típico do complexo materno originalmente positivo é que Cathal não lamenta uma eventual falta de força, mas o fato de não ter ninguém próximo dele que possa ajudá-lo, e a mera lembrança da mãe basta para mobilizar as forças do desespero, aquelas forças necessárias para sua sobrevivência.

Este homem, que pode ser visto como identidade sombra de Cathal, agora é obrigado a revelar seu nome. É o *cavaleiro com o riso sinistro*. Cathal cura as queimaduras do cavaleiro, e cada um fica observando o outro, quando Cathal ouve o grito de uma mulher, grito este que faz tremer o ar e que abala a terra. Durante o grito da mulher, o cavaleiro distorce o rosto. O sofrimento do cavaleiro é descrito de forma cada vez mais clara. Um distúrbio se evidencia de modo assustador. Quando ar e terra se chocam um contra o outro, os dois elementos considerados representações do princípio feminino – a terra – e masculino – o ar –, temos aqui uma informação sobre a dificuldade de unir os dois princípios em ambos os homens. Fica claro também que estamos nos aproximando do auge da história, do confronto com o aspecto mais essencial da problemática, pois agora a história menciona todos os quatro elementos.

Numa clareira redonda na floresta, Cathal encontra uma mulher velha com espuma na boca, uma figura que o apavora. E ela se revela em sua figura como destruidora, mas lhe oferece uma escolha: lutar ou ser destruído passivamente. Eles travam uma luta como nunca se viu na terra; o duro se transforma em mole, das pedras cinzentas jorram fontes de água. Uma imagem curiosa numa situação de luta em que ambos tentam sobreviver: essa mulher, a encarnação da força destruidora, da ganância, que, como descobrimos mais tarde, subjugou a ilha e a queimou, de modo que ninguém mais conseguia viver nela. Cathal poderia ser derrotado por essa força destruidora. Mas a luta abre novas fontes. Ao entardecer, ele enfraquece e só consegue ativar novas forças quando se lembra de que ninguém lamentará sua morte. Mas nem essas forças bastam para vencê-la. Quando a velha já começa a celebrar sua vitória, uma esconderijeira pousa em seu nariz e começa a picar os olhos dela. Ela perde as forças, e ele consegue matá-la.

"De algum jeito, sempre se dá um jeito", era uma afirmação que vinculei repetidas vezes ao complexo materno originalmente positivo. Ainda mais aqui, onde Cathal faz tudo que lhe é possível – e quando isso não basta, ele recebe ajuda inesperada, o acaso feliz –, deixar de ver como a bruxa vê? Abandonar a visão dessa força destruidora.

O cavaleiro com o riso sinistro lutou em vão com ela, mas pelo menos sobreviveu. Ele que, há sete anos, não encontra razão para rir, estava sob o domínio dessa força destruidora, que não dava espaço para a vida, que destruía o espaço de vida, expulsou e até queimou as pessoas – da mesma forma como Cathal deve ter passado seus primeiros 21 anos em sua cama. A tristeza consiste, portanto, no fato de que essa compulsão de destruir o próprio fundamento de vida e o poder obtido através disso era mais forte do que a determinação de moldar sua própria vida.

Mas isso não é tudo: existe também uma causa para o riso sinistro, para a ameaça contida nesse riso que, normalmente, sinaliza a alegria de uma pessoa e que agora expressa aqui que a alegria está vinculada à raiva e à dor quando ela não é expressada. Durante sete anos, esse riso não se fez ouvir.

O cavaleiro com o riso sinistro conta a história de seu sofrimento: ele era rico, muito rico, havia pessoas na ilha, havia relacionamentos. E então o *coelho de bafo ruim* leva o cavaleiro e seus companheiros até um vale, que se abre e engole todo mundo. De repente, ele se vê diante de 24 ladrões, que exigem atos heroicos que o cavaleiro e seu cortejo não são capazes de realizar. E ele conta como os ladrões zombaram deles, enfeitiçando seu cortejo e seu espaço de vida, exceto a velha que cuidava dele e o próprio cavaleiro, que, a partir desse momento, se deita na cama e não se levanta mais. Todos os dias, porém, a velha terrível soltava seu grito assustador.

Cathal tranquiliza o cavaleiro e o informa que ele matou a velha. Quando estão prestes a comer, o coelho com o bafo ruim passa pela janela. Eles perseguem o coelho montados nos cavalos da bruxa e voltam para o vale, mas agora Cathal consegue vencer todas as provas com facilidade. O capitão dos ladrões fica com medo e só é salvo graças à intervenção do cavaleiro, porque o capitão também tinha poupado a vida do cavaleiro.

O coelho é visto como um animal que entra em pânico facilmente. Ele também representa o princípio da fertilidade, ele era sacrificado a Afrodite, mas era também o animal de Ártemis. Ártemis é a ancestral de todas as bruxas[82], o que aponta mais uma vez para o fato de que uma forma selvagem, independente e sensual da feminilidade era declarada como bruxaria. Em todo caso, existe uma relação entre o coelho assustador, a bruxa e o ladrão. O coelho poderia representar o lado medroso, vinculado a um lado destruidor, que é ativado quando as pessoas permanecem ligadas por tempo demais ao

---

82. "Handwörterbuch des dt. Aberglaubens", p. 1.506.

complexo materno originalmente positivo. Os ladrões vivem na mesma região, ou seja, no mesmo espaço complexado.

Com os cavalos que pertenciam à bruxa e que apontam para a vitalidade indomada contida nessa postura destruidora, o coelho de bafo ruim pode ser perseguido facilmente. O bando de ladrões simboliza as forças masculinas agressivas; elas tendem a desvalorizar outros homens; a força vital pode ser tirada de alguém quando ele é ridicularizado, quando seu valor próprio é questionado. Essa é a função principal dos ladrões aqui. Eles ameaçam, roubam, mas sobretudo mostram ao *cavaleiro com o riso sinistro* que ele não é homem o bastante para eles.

Faz parte do complexo materno originalmente positivo no homem ele perguntar a si mesmo se é um homem de verdade ou não. Quando a mãe confirma que ele é, isso não é válido, e quando outra pessoa o confirma, isso também não é válido, pois não vem da mãe. O homem com essa cunhagem de complexo deve, normalmente na relação com outro homem, na qual a rivalidade foi superada e ambos têm um objetivo comum, vivenciar que ele consegue impor a outros homens que pretendem desvalorizá-lo, que ele está à altura deles e consegue defender sua própria vida. Esse bando de ladrões tinha se voltado contra o *cavaleiro com o riso sinistro* e o colocado na cama, condenando-o à regressão depressiva acompanhada de sentimentos de culpa. Juntos, Cathal e o cavaleiro conseguem derrotar essas forças destruidoras.

Um aspecto muito típico desse conto de fadas e do confronto com o complexo materno originalmente positivo é que a conscientização da força contida nele permite que Cathal veja a sombra dessa cunhagem de complexo, o lado atormentado, depressivo e os problemas relacionais vinculados a isso.

Somente então ele pode começar a resolver as áreas complexadas destruidoras. O fato de que Cathal consegue fazer isso sem maiores problemas nos leva a ignorar que isso é sempre uma questão de vida e morte. Se fracassasse, ele estaria morto. O que chama a atenção é que, quando finalmente consegue conquistar a filha do rei, ele leva esposa e mãe até o castelo da bruxa, cujas riquezas agora pertencem a ele. Quando a parte destrutiva desse complexo materno é superado, todos os tesouros vinculados a ele podem ser aproveitados e não existe mais nada que impeça uma relação amorosa com a esposa e uma relação amigável com a mãe. Devemos observar ainda que, no conto de fadas, o complexo não é simplesmente transferido para a pessoa da mãe, mas que o confronto começa justamente quando Cathal consegue ver a mãe como pessoa e os efeitos do respectivo complexo materno, personificados aqui como coelho, bruxa e bando de ladrões, como separados uns dos outros.

A pastora de gansos

O desenvolvimento feminino num conto de fadas

Na mulher, o complexo materno originalmente positivo afeta menos a busca pela identidade do que no homem, por isso os processos de desligamento representados nos contos de fadas também são menos dramáticos. Com a ajuda do conhecido conto "A pastora de gansos", quero esclarecer rapidamente os temas e as fases de desenvolvimento mais importantes do desligamento do complexo materno originalmente positivo numa mulher[83].

---

83. Para uma interpretação detalhada do conto, cf. Kast, 1982, p. 37ss.

Era uma vez uma velha rainha, cujo marido tinha morrido havia muitos anos, e ela tinha uma linda filha; quando cresceu, ela foi prometida a um príncipe que vivia em terras distantes. Quando chegou a época de se casar e a criança devia partir para o reino estranho, a velha lhe deu muitos utensílios e joias preciosas: prata e ouro, copos e joias, ou seja, tudo que fazia parte de um dote real, pois ela amava de coração a sua filha. Também lhe deu uma camareira, que deveria acompanhá-la e entregar a noiva nas mãos do noivo, e cada uma recebeu um cavalo para a viagem, mas o cavalo da filha da rainha se chamava Falada e sabia falar. Quando chegou a hora da despedida, a velha mãe foi até seus aposentos, pegou uma pequena faca e feriu seus dedos, de modo que passaram a sangrar; então pegou um lenço branco, deixou cair nele três gotas de sangue, o deu para a filha e disse: "Amada filha, guarde bem essas gotas de sangue, você precisará delas em sua viagem".

As duas se despediram tristes. A filha da rainha escondeu o lenço entre seus seios, montou e partiu. Após cavalgar por uma hora, ela sentiu uma forte sede e chamou sua camareira: "Desça do seu cavalo e, com o copo que guardas, pegue água do riacho. Quero beber". "Ai, se estiver com sede", disse a camareira, "desça você mesma do seu cavalo, vá até o riacho e beba, não sou sua serva!" Então, já que estava morrendo de sede, a filha da rainha desmontou, se curvou sobre o riacho e bebeu e não pôde usar o copo de ouro. Então ela disse: "Ai Deus!" E as três gotas de sangue responderam: "Se sua mãe soubesse disso, seu coração se partiria no peito". Mas a noiva real era humilde, não disse nada e voltou para o seu cavalo. Assim, continuaram por várias milhas, e o dia era quente, o sol ardia, e não demorou e ela voltou a ter sede. Quando passaram por um rio, ela chamou mais uma vez a sua camareira: "Desça do seu cavalo e dá-me de beber do meu copo de ouro", pois já tinha se esquecido de todas as palavras más. Então a camareira respondeu ainda mais altiva: "Se quiser beber, beba sozinha. Não quero ser a sua serva".

Então a filha da rainha desceu do cavalo de tanta sede e se curvou sobre a água, chorou e disse: "Ai Deus!" E as três gotas de sangue responderam novamente: "Se sua mãe soubesse disso, seu coração se partiria no peito". E enquanto ela bebia e se curvava sobre a água, o lenço com as três gotas saltou de seu peito e foi levado pela água sem que ela o percebesse em seu grande medo. Mas a camareira tinha visto tudo e se alegrou por agora ter poder sobre a noiva, pois ela tinha ficado fraca ao perder as gotas de sangue. Quando ela quis montar em seu cavalo, que se chamava Falada, a camareira disse: "Falada é o meu cavalo, e o meu bucéfalo agora é seu", e ela teve que aceitar. Então a camareira ordenou que ela tirasse suas roupas reais e vestisse as roupas dela, e, por fim, teve que jurar sob céu aberto que não contaria isso a ninguém na corte real, e se ela não tivesse feito esse juramento, teria sido morta naquele instante. Mas Falada observou tudo e gravou tudo em sua memória.

A camareira montou em Falada e a noiva verdadeira no cavalo ruim, e assim continuaram até chegarem no castelo real. Lá, sua chegada causou grande alegria, e o filho do rei correu ao seu encontro, abraçou a camareira acreditando que era sua noiva, e ela foi conduzida pelas escadas. A verdadeira filha da rainha, porém, teve que ficar embaixo. Então o velho rei olhou pela janela e a viu parada no pátio, e ela era nobre, delicada e muito linda, e ele foi até os aposentos reais e perguntou à noiva quem era aquela que estava com ela e agora estava lá no pátio. "Ah, eu a encontrei ao longo do caminho e a trouxe como companhia, deem algum trabalho àquela serva, para que não fique parada à toa". Mas o velho rei não tinha trabalho para ela e só soube dizer: "Tenho um garoto que pastoreia os gansos, que ela ajude ele!" O garoto se chamava Conradinho, e a noiva verdadeira teve que ajudá-lo a cuidar dos gansos.

Logo, porém, a noiva falsa disse ao jovem rei: "Querido esposo, peço que me faça um favor!" Ele respondeu: "Fale e o farei com prazer". – "Chame um servo e ordene que corte o pescoço do cavalo que me trouxe aqui, pois ele me irritou durante a viagem". Na verdade, porém, ela temia que o cavalo falasse e contasse como ela tinha tratado a filha da rainha. O jovem rei deu as ordens e já estava chegando a hora em que o fiel Falada deveria morrer, quando a verdadeira noiva ficou sabendo, e ela prometeu ao servo secretamente uma moeda, que ela lhe daria se ele lhe prestasse um pequeno serviço. Na cidade havia um grande portão escuro, pelo qual ela passava de manhã e de noite com seus gansos. Pediu que o servo pregasse naquele portão sombrio a cabeça de Falada para que ela pudesse vê-lo mais uma

Filhas de pai, filhos de mãe

vez. O servo prometeu fazer isso, cortou a cabeça do cavalo e o pregou no portão.

De manhã cedo, quando ela e Conradinho passaram pelo portão, ela disse ao passar: "Ó Falada, que aí estás pendurado", e a cabeça respondeu: "Ó virgem rainha, que por aí caminhas, se sua mãe soubesse, seu coração se partiria!"

Então ela continuou em silêncio, e eles levaram os gansos até o campo. E quando chegaram no campo, ela se sentou e soltou seus cabelos, que eram prateados, e o Conradinho os viu e se alegrou com seu brilho e quis arrancar alguns fios. Então ela disse:

"Ai, ai, ventinho, leve o chapeuzinho do Conradinho para que ele corra atrás dele até eu ter arrumado o meu cabelo".

Então surgiu um vento tão forte que levou o chapeuzinho do Conradinho, e ele foi correndo atrás dele. Quando ele voltou, ela já tinha terminado de pentear e de prender o seu cabelo e ele não pôde mais arrancar nenhum fio. Então o Conradinho se irritou e não falou mais com ela, e assim pastorearam os gansos até cair a noite, e então voltaram para casa.

Na manhã seguinte, quando voltaram a passar pelo portão escuro, a virgem disse:

"Ó Falada, que aí estás pendurado", e ele respondeu: "Ó virgem rainha, que por aí caminhas, se sua mãe soubesse, seu coração se partiria!"

No campo, ela voltou a se sentar na grama e a pentear seu cabelo, e o Conradinho veio correndo e quis agarrá-la, então ela se apressou e disse:
"Ai, ai, ventinho,
leve o chapeuzinho do Conradinho
para que ele corra atrás dele
até eu ter arrumado o meu cabelo".
Então surgiu um vento tão forte que levou o chapeuzinho do Conradinho, e ele foi correndo atrás dele. Quando ele voltou, ela já tinha terminado de pentear e de prender o seu cabelo e ele não pôde mais arrancar nenhum fio, e assim pastorearam os gansos até cair a noite.

À noite, porém, quando estavam em casa, Conradinho foi até o velho rei e disse: "Não quero mais pastorear os gansos com essa moça". – "Por que não?", perguntou o velho rei. "Ah, ela me irrita o dia inteiro." Então o velho rei ordenou que ele lhe contasse o que tinha vivenciado com ela. E o Conradinho respondeu: "De manhã, quando passamos pelo portão escuro com os gansos, há ali a cabeça de um cavalo, e ela diz:
'Ó Falada, que aí estás pendurado',
e a cabeça responde:
'Ó virgem rainha, que por aí caminhas,
se sua mãe soubesse,
seu coração se partiria!'"
E então o Conradinho contou também o que se passava no campo e como ele era obrigado a correr atrás de seu chapeuzinho.

Mas o velho rei ordenou que ele voltasse a levar os gansos para o pasto no dia seguinte, e ele mesmo, ao amanhecer, se escondeu atrás do portão escuro e ouviu como ela falou com a cabeça de Falada; e

então ele a seguiu até o campo e se escondeu num arbusto. Logo viu com seus próprios olhos como a pastora e o pastor dos gansos traziam os gansos para o campo e como ela, depois de um tempo, se sentou e soltou os seus cabelos, que brilhavam. E logo ela disse:
"Ai, ai, ventinho,
leve o chapeuzinho do Conradinho
para que ele corra atrás dele
até eu ter arrumado o meu cabelo".
Então veio um vento e levou o chapéu do Conradinho, e ele teve que correr longe, e a serva penteou e trançou os seus cachos. O velho rei ficou observando tudo. Depois ele voltou às escondidas e, quando a pastora dos gansos voltou à noite, ele a chamou de lado e perguntou por que ela fazia tudo aquilo. "Isso não posso dizer a ninguém, pois foi assim que jurei sob céu aberto, caso contrário teria morrido". Mas ele insistiu e não a deixou em paz. "Se não quiser contar para mim, que tal contar para este forno?" – "Sim, farei isto". Ela teve que entrar no forno e lá derramou seu coração, contando tudo que tinha experimentado e como tinha sido enganada pela camareira malvada. No topo, porém, o forno tinha um buraco, e o velho rei ouviu cada palavra. Então ordenou que ela fosse vestida com roupas reais, e parecia um milagre, de tão bela que era; o velho rei chamou seu filho e lhe disse que estava com a noiva errada, que aquela era apenas uma camareira, mas que a verdadeira estava aqui, a pastora de gansos. O jovem rei se alegrou de coração quando viu a beleza e virtude dela, e um grande banquete foi preparado e todas as pessoas e bons amigos foram convida-

dos. De um lado do noivo sentou-se a noiva, do outro, a camareira. Mas a camareira não a reconheceu, pois as joias brilhantes dela a cegavam. Quando terminaram de comer e de beber e todos estavam alegres, o velho rei pediu que a camareira resolvesse um enigma: qual era o valor de uma mulher que enganou seu senhor desse e daquele jeito, contando toda a história, e perguntou: "Que castigo ela merece?" Então disse a noiva falsa: "Ela não merece nada melhor do que ser despida, jogada num barril revestido de pregos e arrastada nele por dois cavalos por todas as ruas da cidade até morrer!" – "Esta mulher é você", disse o velho rei, "e o teu julgamento será aplicado a você", e foi o que aconteceu. O jovem rei se casou com sua noiva verdadeira e ambos reinaram em paz e felicidade[84].

O conto de fadas começa com uma velha rainha que tem uma filha muito linda. O marido dela morreu há muitos anos. A mãe promete sua filha a um príncipe *em terras distantes*. Nesse conto, é a mãe que provoca uma separação. A moça – e isso é um tanto incomum em contos de fadas – precisa percorrer um longo caminho para chegar ao filho do rei. Ela precisa vivenciar várias coisas antes de poder entrar num relacionamento com o filho do rei. O que nos interessa aqui é esse caminho.

A filha leva um dote grande: ouro, prata, joias. Esse complexo materno também traz abundância e equipa a filha com riqueza e abundância. Uma camareira a acompanhará – mais uma figura materna, mesmo que já não mais a mãe – e um

---

84. Brüder Grimm, "Kinder- und Hausmärchen", p. 321ss.

cavalo falante chamado Falado. Símbolo do grande vínculo existencial entre mãe e filha é um lenço branco com três gotas de sangue materno, que a mãe entrega à filha, instruindo-a a cuidar bem dele para que ele possa ajudar em uma emergência. A filha da rainha esconde o lenço entre os seios, no lugar em que coisas preciosas e secretas são guardadas.

Na cena inicial desse conto conhecemos uma mulher jovem, nitidamente cunhada por um complexo materno originalmente positivo. Ela é rica, tem mais do que precisa, possui um fundamento vital, que se expressa no cavalo Falada. Como símbolos, cavalos representam nossa relação emocional com nosso corpo, o modo como absorvemos as diferentes energias do corpo e as vivemos, mas também como nos conectamos com nossas emoções e nosso inconsciente. A filha da rainha é vigorosa, forte, dinâmica; ela possui uma relação com seu corpo e, provavelmente, sentirá algo em seu corpo também em situações difíceis. Além disso, possui uma relação saudável com seu inconsciente, pois esse cavalo é um animal sábio e falante. Esse cavalo remete de forma muito clara a um campo maternal bom e *sábio*, que a filha da rainha internalizou e ao qual ela pode recorrer quando necessário. O lenço com as gotas de sangue mostra que ainda existe um vínculo mágico com a mãe pessoal.

A jovem mulher, muito bem-equipada, é enviada para a vida e, mesmo assim, logo cai nas mãos da camareira, que se revela como sombra da filha da rainha. Como toda filha cunhada por um complexo materno originalmente positivo, a filha da rainha se surpreende ao ver que uma outra mulher pode ser tão maldosa. Se interpretarmos a camareira como uma instância intrapsíquica da filha da rainha, como representante de aspectos da sombra, isso significa que, até então, a filha da rainha era totalmente cega em relação à sua sombra, principalmente no que diz respeito à sua fome de poder e as ambições agressivas que resultam disso. A integridade e a totalidade almejadas por uma cunhagem por um complexo materno originalmente positivo contêm sempre um aspecto nítido de poder, pois o que é mais poderoso do que o todo? Mas já que a pessoa *tem* essa totalidade e a reclama para si porque era sua por direito desde o nascimento, a maioria dos outros não costuma perceber o quanto ela se agarra a esse poder e insiste nele, sobretudo quando corre perigo de perdê-lo. Enquanto ninguém interfere nessa sensação de vida de uma pessoa com essa cunhagem de complexo, ela não corre perigo de usar esse poder. Mas quando alguém interfere...

No conto de fadas, a camareira assume o poder sobre tudo, ou seja, agora, a filha da rainha está sendo dominada pela sua sombra. Ela não se identifica mais com o complexo do eu consciente, que ainda mantém um vínculo claro com o complexo materno, mas com aquilo que, até então, tinha sido negado nessa cunhagem de complexo e tinha sido banido numa posição servil. Consequentemente, o lenço com as gotas de sangue, o vínculo com a mãe, é levado pela corrente dos eventos.

O desligamento de complexos materno e paterno costuma ocorrer por meio da integração de sombras, das partes que haviam sido excluídas pela situação temporal atual, na qual ocorrem as cunhagens e que também estabelece valores coletivos[85]. Já que, na cunhagem por um complexo materno originalmente positivo, a agressão, aquilo que separa e, portanto, as sombras, foram claramente separados – de certa for-

---

85. Kast, 1991, p. 74ss.

ma isso é imanente ao complexo dessa cunhagem – no desligamento, é justamente esse aspecto da sombra que passa a dominar, e frequentemente ocorre até uma identificação com essa sombra. Essa identificação com a sombra se manifesta visivelmente: a filha da rainha não pode mais montar em Falada: antes, ela tinha seguido seu instinto de forma certeira, agora ela perdeu seu instinto. Ela é obrigada a trocar de roupas com a camareira, ou seja, ocorreu uma mudança nítida de personalidade, o que é documentado também externamente. Além disso, é obrigada a jurar que não contará a ninguém sobre essa mudança de personalidade. Nesse juramento está também o início da salvação: ao jurar, ela designa o que ocorreu. Assim, ela se conscientiza de que não é a camareira, mesmo que as aparências indiquem isso. Com esse juramento, ela reconhece que a maneira como se apresenta no momento não representa todo o seu ser, que ela não é só o monstro, mas que ela tentará suportar essa identidade de sombra até chegar a hora certa.

No momento, o vínculo com os valores maternos está fraco; pelo menos, Falada ainda a acompanha. Aquilo que foi cunhado na nossa vida pelo complexo materno originalmente positivo não se perde, mas pode passar para um segundo plano, e então parece que o perdemos.

Na corte real, o jovem rei recebe a noiva falsa acreditando que é a legítima. No primeiro encontro com o masculino, a mulher não pode se apresentar em sua figura verdadeira, e o jovem não percebe nada. O velho rei, porém, vê que a *serva* é delicada e linda, e pergunta por ela. O homem paternal tem uma visão mais holística do que o filho, e isso significa por sua vez que a personalidade cunhada na casa materna não se perdeu totalmente.

Vista de fora, tudo parece estar em ordem na relação entre o filho do rei e a noiva falsa, mas nessa relação os valores que constituem a riqueza da filha do rei não podem ser vividos.

A noiva legítima se torna pastora de gansos, é obrigada a fazer um trabalho muito comum. Para pessoas com um complexo materno originalmente positivo é sempre importante vivenciar-se também como *comum*, pois ninguém consegue ser *extraordinário* durante uma vida inteira. Os animais pastoreados – e durante o trabalho ela se familiariza com eles – nos dizem algo sobre as áreas da vida que ainda precisam ser conhecidas melhor. Os gansos são os animais de Afrodite e, por isso, são vistos no contexto do amor erótico e sexual e da fertilidade. Mas visto que os gansos *fuçam* também na sujeira, é provável que tenham a ver também com os aspectos de sombra do amor sexual. Ela conhece também aqui um aspecto do âmbito erótico-sexual que deve ter sido estranho para a mãe e que se insere mais na competência da camareira.

Mas a atividade como pastora não é só feliz: a filha da rainha sofre por não ser reconhecida. Todas as manhãs ela passa pelo portão escuro para um campo aberto. O portão escuro sugere a tristeza diante da situação atual, mas também desperta a esperança de ser apenas uma situação passageira. E quando a camareira manda matar Falada sob um pretexto falso, que o filho do rei não reconhece como tal, a noiva legítima se lembra de Falada e interfere ativamente. Ela se lembra de aspectos da personalidade que, no passado, haviam sido essenciais e úteis em sua vida e, ao lembrar deles, ela já supera o ponto baixo de sua identificação com a sombra, mesmo que, na vida concreta, nada mudou ainda. Enquanto ela lamenta a situação de Falada, Falada lamenta a situação dela e a lembra simultaneamente o quanto sua mãe sofreria se soubesse da situação em que sua filha se encontra. A pastora de gansos desenvolve empatia pela sua situação difícil e assim recupera um vínculo com seus lados não sombreados. No entanto, ela não é mais a antiga filha da rainha e não foge mais para a atmosfera do complexo materno; agora ela já consegue executar atividades normais, consegue se subordinar e tem uma noção de Eros e sexualidade. Na verdade, ela não cuida somente de gansos, ela também enfrenta o Conradinho e o velho rei. Quando uma mulher jovem possui um vínculo tão forte com a mãe, quando o pai está ausente e também não existem irmãos, então a relação com o homem de sua idade é uma relação – se é que existe – da sombra, como essa moça o expressa na relação da camareira com o filho do rei. Para poder ter uma relação com o homem, ela precisa, de um lado, exercitar o confronto jocoso com o aspecto pueril e, de outro, encontrar uma figura paterna, muitas vezes, no mesmo homem ao mesmo tempo. Com Conradinho, ela mantém uma situação erótica divertida de sedução. Primeiro ela o atrai penteando seus cabelos longos, depois faz com que o vento leve seu chapéu. Este se queixa junto ao velho rei.

Isso ativa duas figuras de *animus* na psique da filha da rainha: o rapaz e o rei. O rei representa uma figura de *animus* que ainda está claramente vinculada ao complexo paterno. Conradinho, porém, representa uma instância que encarna os novos impulsos criativos emergentes na psique dela, o fascínio do início de uma relação erótica com a dinâmica da sedução e do afastamento. O velho rei representa mais aquilo que é confiável, o tradicional: ele garante que a impulsividade se submeta a uma ordem. Ambos, porém, representam partes da identidade que não estavam ativadas no sistema antigo.

O velho rei convence a pastora de gansos a confessar sua situação – pelo menos ao forno. Numa situação de proteção e abrigo máximo, ela precisa formular conscientemente o que aconteceu com ela e precisa expressar sua tristeza. O forno é visto também como símbolo do ventre materno, no qual as crianças amadurecem. Agora, ela mesma estabelece a relação com sua mãe, cujo coração se partiu no peito.

Em comparação com Cathal, ela assume seu sofrimento muito mais tarde em seu desenvolvimento, e ela lamenta. O lamento anula a identificação com a sombra, ela se torna a esposa legítima do filho do rei. Infelizmente, a história não nos conta nada sobre o desligamento dele do complexo paterno positivo.

Quero resumir mais uma vez esse processo de desligamento de um complexo materno originalmente positivo:

Nesse caso, é a mãe que inicia a separação. Ela encoraja a filha a sair para a vida e a equipa para o seu caminho. Trata-se aqui de uma forma da expulsão positiva, que também faz parte de uma boa mãe. Ela é dominada por sua sombra, algo que também deve estar vinculado à sensação de que tudo aquilo que fazia parte da mãe não era a vida real, de que o mundo antigo de repente não existe mais. A expectativa complexada no sentido de que o mundo deve ser igual a uma mãe bondosa é frustrada. A filha reage, de um lado, com grandes gestos de poder, mas que não possuem um pano de fundo concreto na vida de outro, com uma depressão. A cunhagem de complexo original é praticamente esquecida. Quando ela reage de forma depressiva, ela faz o que precisa ser feito: ela se torna comum e desenvolve também no confronto com o Eros e a sexualidade aspectos comuns e também um *animus* próximo ao complexo paterno. Quando ela tenta compensar com gestos de poder, não se desenvolve. A despeito da percepção de viver na sombra, ela recupera a antiga sensação de estar protegida e de ser rica. Agora, ela tem a possibilidade de se conectar com um homem ou com os lados do *animus*, que a ajudam a desdobrar melhor a sua própria personalidade na vida real e a realizar os seus potenciais.

Mulheres com um complexo materno originalmente positivo tendem a idealizar um pouco os homens ou, caso sejam dominadas pela sombra, a desvalorizá-los. Em todos os casos, um desenvolvimento do *animus* se torna necessário. No entanto, muitas vezes, esse tipo de mulher não procura um homem; normalmente, ela é encontrada e escolhida por um homem.

# "Pai orgulhoso, filho maravilhoso"
O complexo paterno originalmente positivo no filho

Assim como o complexo materno pode estar tão em destaque que o complexo paterno praticamente desaparece, o complexo paterno também pode ocupar tanto o primeiro plano que o complexo materno quase não aparece.

"É bom ser homem"
Frank

Frank tem 49 anos de idade e é caracterizado por um complexo paterno originalmente positivo com um complexo materno pouco enfatizado. Ele não está em tratamento terapêutico e também jamais consideraria submeter-se a ele. Eu deduzo um complexo materno originalmente positivo porque ele sempre conta histórias sobre si mesmo como garoto e seu pai. Quando fala dele, ele brilha de orgulho. Em seu trabalho, ele é cercado por vários pais e não se revolta contra isso; ao contrário, considera a situação perfeita. Eu o conheço porque, de vez em quando, ele me liga e pede 45 minutos para fazer um *brainstorming* comigo. Ele nunca precisa de mais

Filhas de pai, filhos de mãe

nem de menos tempo. Quando pedi uma sessão sobre o tema complexo paterno, ele me fez esse favor com prazer, de um lado, porque "certamente seria possível aprender algo com seu complexo paterno", de outro, porque ele estava me devendo um favor. É uma característica essencial dele saber a quem ele *deve* um favor. Ele me deu 45 minutos para conversarmos.

Frank passa a impressão de ser muito amigável e confiável no cumprimento de tarefas da vida externa. Ele é diligente, ativo, dinâmico e culto. Ele considera útil acumular o máximo de conhecimento em sua área de domínio e mostrar no momento oportuno que ele o domina. Refletir sobre perguntas para as quais não existem respostas certas ou, talvez, nenhuma, isso ele deixa para os filósofos e psicólogos. Ele é talentoso, sabe disso e é extremamente eloquente. Ele gosta de falar, gosta de falar em voz alta e usar muitas palavras. Um tipo determinado de mulheres fica como que encantado quando ele fala, mesmo que aquilo que está dizendo não seja tão significativo; mas quando ele fala, tudo que diz parece ser significativo. Ele acredita no progresso, no sentido de "não vamos fazer experimentos insensatos", e isso significa, na maioria das vezes, continuar fazendo o mesmo de sempre, talvez com mais esforço ou um enfoque um pouco diferente. Ele sabe exatamente o que é certo e errado, e descobre isso imaginando-se naquela situação e comparando-a com aquilo que já aconteceu. Ele é proativo, age, dá impulsos e leva também os outros a agir. Pode ser inspirador, principalmente no nível da ação. Ele não é muito criativo e sabe disso, mas possui a capacidade de realizar as ideias criativas de outras pessoas, contanto que não lhe pareçam arriscadas demais: "Eu sou ótimo em aproveitar abordagens criativas de colegas e convencer outros delas". Ele tem certeza de que, se você quiser algo, você consegue fazer. Tem uma identidade inquestionavelmente segura. Ele sabe que é um homem autêntico e que é bom ser homem. Quando essa convicção é questionada por algo vindo de fora, por exemplo, por discussões sociopolíticas, ele reconhece a postura dessas pessoas como fundamentalmente correta ("Todas as pessoas têm direito a direitos iguais. É claro que mulheres também são seres humanos"), mas ele critica as atitudes "desmedidas" desses grupos e as exigências "exageradas": "A gente conseguiu sobreviver do jeito que as coisas estavam, não conseguiu?" Durante a sessão, percebo que ele gosta de falar de homens que o incentivaram. Ainda agora ele parece estar cercado de homens importantes que o incentivam de alguma forma. Seu mundo profissional é – se pudermos acreditar em suas histórias – um mundo povoado exclusivamente por homens. Essa narrativa não corresponde à realidade. É a realidade distorcida que ele vê através dos óculos do complexo paterno e simplesmente ignora 30% dos funcionários da sua empresa, as mulheres. Ele gosta de falar sobre seu dia a dia profissional, que parece ser muito interessante em suas narrativas. Quando ouço isso, eu me pergunto o quanto ele o idealiza, o quanto ele idealiza principalmente a diretoria da sua empresa, da qual também faz parte. No entanto, ele não ressalta seus próprios méritos em detrimento dos outros. É simplesmente um homem incrivelmente talentoso e eficiente, um entre muitos homens excepcionais. Ele gosta de falar também de sua carreira profissional, que se deu de forma contínua e rápida. Sua preocupação é que talvez não consiga avançar ainda mais nos próximos anos. Onde está o próximo desafio? Quando escreve artigos, ele mostra que é mestre em citar. Um terço da página é texto, os outros dois terços são notas de rodapé. Ele confessa que isso dificulta a leitura, mas afirma que seria uma pena não citar uma referência que ele conhece. Também não seria correto.

Por vezes, ele até chega a criticar o patriarcado, mas não na extensão que o obrigaria a questionar suas próprias posturas. Ele critica apenas o suficiente para que seus ouvintes percebam que ele sabe quais são os temas atuais mais discutidos e nunca busca o confronto com ninguém, exceto com as feministas. Mas ele mal tem contato com elas. Ele fala muito pouco sobre sua esposa e suas duas filhas. Em suas narrativas, elas não passam de figurantes. Ele tem a consciência pesada de *todos* que ocupam uma posição de liderança e não têm tempo para a família.

"Eu e o pai, nós somos um"

A cunhagem desse complexo

Seu pai era acadêmico, como Frank. Frank se lembra de que, quando ele entrava no escritório do pai, este fechava o livro irritado, mas logo se acalmava quando percebia que era o filho que tinha interrompido sua leitura. Desde cedo, seu pai conversava com ele sobre aquilo que estava lendo, mesmo quando o filho ainda não entendia do que se tratava. Mas Frank parecia não se importar, ele se sentia levado a sério pelo pai. Eles começaram a conversar desde muito cedo sobre problemas éticos, e o filhinho foi instruído no diálogo socrático. Depois, os dois costumavam dizer: "Tivemos uma conversa entre homens". Esse pai acadêmico é identificado claramente com aspectos culturais e intelectuais. Às vezes, Frank podia acompanhá-lo em seus "passeios de homens". Frank se lembra principalmente de como seu pai fazia as fogueiras. "Eu sabia que era filho de um pai que era respeitado pelos outros homens. Em casa, eu pensava: 'Papai é a pessoa mais importante da casa, e eu sou seu único filho'". Então perguntei pela mãe e pelas duas irmãs: "A mãe cuidava muito bem da casa, e minhas irmãs também são legais. Mas a mãe e as irmãs tinham seu próprio mundo, e papai e eu tínhamos o nosso. Quando eu ficava doente, vivia no mundo da mãe, mas normalmente ela não era importante. O pai era o homem que determinava a atmosfera em casa. A mãe garantia que ele não fosse perturbado. Eu era o único que podia perturbá-lo. Não sempre, é claro". Pensativo, Frank acrescenta: "Quando meu pai me segurava pela mão quando caminhávamos pela cidade, eu pensava: eu e o pai, nós somos um, somos uma unidade inseparável". Essa afirmação lembra uma palavra de Jesus[86].

Perguntei quais foram os sentimentos decorrentes dessa sensação de união. Foram sentimentos como: "Eu sou alguém e mostrarei que também posso ser alguém como o meu pai, talvez pensei também que queria provar que era digno de ter esse pai".

Com cautela, perguntei pela possibilidade de um sentimento de grande segurança, que também poderia acompanhar essa afirmação. Mas era mais um sentimento de orgulho, a sensação de ter postura, a sensação de ser importante e também intocável.

Esse complexo paterno originalmente positivo foi cunhado por um pai – representante das normas coletivas – que claramente favorecia o filho, por uma autoridade que incentivava vínculos com a tradição intelectual, cultural e social da humanidade, por um pai que oferecia impulsos e era importante.

---

86. Jo 10,30: "Eu e o Pai somos um".

Perguntei por conflitos, por afirmações complexadas no sentido mais restrito. Frank contou que, na adolescência, ele tinha adotado temporariamente uma postura política diferente e teve que assumir uma postura muito extrema, pois seu pai não tinha sido um conservador radical; antes teria tido um senso de justiça muito desenvolvido, era sensível em relação aos direitos dos oprimidos. Certa vez, ele tinha assumido uma postura claramente contrária à do pai, mas não se lembra mais em que causa. Ele só se lembra de que tinha assinado um panfleto como coautor. Ele se lembra também que o pai o calou com seus argumentos e encerrou a discussão dizendo: "Você tem a obrigação de pensar por conta própria! Mas se, ao fazer isso, você negar certos valores, eu não posso mais ter orgulho de você".

O complexo materno originalmente positivo dizia: "Você não pode me abandonar". O complexo paterno originalmente positivo diz: "Você não pode abandonar minhas opiniões, meus valores, minhas ideias, caso contrário não posso ter orgulho de você".

Uma das dificuldades se mostra no relacionamento atual com seu pai, que agora se aproxima dos 80 anos de idade: "Meu pai ainda tem orgulho de mim, mas ele já disse várias vezes que está cansado de ter que repetir que eu sou um filho maravilhoso". Infelizmente, já não existe mais tanto a ser admirado em seu pai. Ele está velho, seu intelecto não é mais tão afiado, chega até a ser sentimental. Ele escreve textos que não impactam mais, mas que ele manda para todos os parentes. O filho não gosta mais desses textos *místicos*. "Infelizmente, não posso mais admirar o pai, felizmente existem outros homens que posso admirar."

O relacionamento com o pai se baseava em admiração mútua. Hoje, seu pai pessoal lhe nega essa admiração e, em troca, Frank também a nega ao pai. A experiência fundamental desse complexo paterno pode facilmente ser transferida para outros homens. Frank permanece claramente no papel de filho, que continua dependendo da admiração dos pais. Ele se comporta de tal maneira que os pais podem ter orgulho dele sem se sentirem ameaçados. Ele ajuda os *pais*, sustenta a autoestima deles e também a sua própria e assume responsabilidade. A interação com homens mais jovens não o interessa. Ele ainda se orienta por homens mais velhos. Ele reconhece um problema também aqui: "O que faz um homem que aprendeu a sempre subir mais quando chega no topo? A única opção é cair. Ou mudar de carreira. Mas para qual?"

Outra problemática consiste no fato de que ele não entra em rivalidade com os pais. Ele os aceita como autoridades e se adapta. Os únicos que levam isso a mal são seus colegas de trabalho, que acreditam que ele sempre só mostra seu lado positivo e impede que o chefe veja coisas que realmente precisam ser mudadas. Para Frank, esses colegas são *ciumentos* e *imaturos*. Ele também não vê os homens mais novos como rivais, pois tem certeza de que ninguém pode competir por sua posição.

Muita energia está *amarrada* nessa fixação no papel de filho, mas Frank não percebe isso. A sua atitude em relação à idade também pode ser problemática, visto que ele não vê nada, absolutamente nada, de positivo nas mudanças que ocorrem em seu pai.

Parece-me problemática também a sua relação com as mulheres. Surpreende-me que ele não está ciente dessa dificuldade. A relação com mulheres costuma se tornar um problema para homens com complexo paterno originalmente positivo quando as mulheres abandonam seu lugar como *inventário* da vida e se revoltam.

Para ele, a problemática da situação atual de sua vida consiste no fato de ele a achar *muito cansativa*. Ele ainda recebe *bastante reconhecimento*, mas acha que está precisando se esforçar mais para isso. A experiência de que amor e reconhecimento exigem um grande esforço é típica de homens e mulheres que são dominados pelo complexo paterno. E, a despeito de todo esforço e de todo reconhecimento, eles nunca vivenciam a sensação oceânica da vida. Pois, via de regra, esta não faz parte da experiência desse complexo. Sua ideia equivocada é que, quanto mais se esforçarem, mais provável será que receberão essa sensação de segurança e sintonia. Mas essa sensação não pode ser obtida dessa forma. Ela exige ócio e uma atenção voltada para o mundo da fantasia, que, nessa cunhagem de complexo, só tem uma chance se ela tiver alguma utilidade. Também Frank deveria ser aconselhado a viver mais aspectos femininos, a parar de desvalorizá-los e contemplar a possibilidade de permiti-los em sua vida. Ele deveria não só projetar sua sombra sobre os outros, mas reconhecê-la também em si mesmo. Talvez sua existência como filho se torne exaustiva demais, isso seria então uma oportunidade para se conscientizar de que ele vive preso a seu complexo paterno. Homens como Frank têm dificuldades de aceitar que eles não completaram uma fase de desenvolvimento, pois eles são bem-sucedidos, são apreciados e lidam de forma excelente com alguns aspectos da vida – e aqueles que eles não dominam com tanta excelência são simplesmente declarados como menos importantes, muitas vezes, também pela sociedade. Como em cada constelação de complexos, o complexo paterno originalmente positivo também permite que o homem se identifique menos com o lado do filho e mais com o lado do pai. Visto de fora, muitas vezes é difícil determinar se ocorreu um desligamento apropriado à idade e se o filho é simplesmente muito parecido com o pai em termos de talento e personalidade ou se ocorreu uma identificação no sentido do complexo.

"Pessoas absolutamente sérias"

Bruno

Bruno é um trabalhador de 45 anos de idade. Ele acaba de assumir a oficina de seu pai. Ele emana confiabilidade, tem orgulho da sua empresa e do seu trabalho. Ele não para de repetir o quanto deve ao pai, o quanto recebeu dele. Ele também se orgulha quando seus clientes lhe falam que gostam como ele é igual ao seu pai, confiável, eficiente, uma pessoa que não fala demais. Bruno me conta tudo isso, embora as consultas não tratem dele, mas de sua filha, que "perdeu totalmente o controle", que não quer terminar a escola, que não quer *fazer* nada e que acusa os pais de serem terrivelmente antiquados e que preferiria fugir de tudo. Bruno teme que *o escândalo* provocado pela filha estragará os filhos menores (ele tem outros três). "Só Deus sabe o que deu nela. Nós somos pessoas absolutamente sérias, trabalhamos e nos comportamos". A filha de 17 anos reage cansada: "Pois é". É evidente que ela aprecia o fato de ter conseguido fazer com que os pais buscassem aconselhamento e é visível também que ela se desligará do complexo paterno. Não surpreende, portanto, que o pai se sinta obrigado a enumerar mais uma vez todas as coisas positivas dessa constelação de complexo. Ao longo da consulta, a filha lhe mostra que, ao longo de toda a sua vida, ele não satisfez *nenhum desejo dele*, que talvez nunca tenha tido um desejo próprio, mas que só cumpriu os desejos do pai.

Esse homem também se distingue por uma grande confiabilidade, por um senso de constância na vida. Ele garante que "o bebê não seja despejado com a água do banho". Ele parece ser conservador no melhor sentido da palavra sem ser mesquinho. Mas a filha aponta o ponto problemático com precisão absoluta quando o acusa de ter desperdiçado a própria vida, quando diz que ele é uma imitação do avô (que, porém, a filha parece respeitar e amar muito). Durante toda essa conversa, a mãe permanece calada e reforça a opinião do marido quando me dirijo diretamente a ela. Ela também não entende como, numa família em que as mulheres sempre foram "calmas e sociáveis", pôde aparecer uma filha tão rebelde. Ela não consegue se identificar com a ideia de que já estaria na hora de as mulheres se manifestarem mais dentro da família e culpa a escola e a sociedade atual em geral pela rebeldia da filha.

"Se você quiser, você consegue"

Pontos em comum e diferenças entre os filhos com complexo paterno originalmente positivo

Não importa se a cunhagem ocorre por meio de um pai com complexo paterno ou por um pai com complexo materno, ambos os filhos parecem acreditar que um desligamento não é necessário. Ambos parecem seguros em sua identidade masculina – mesmo que pouco flexíveis. Seu complexo do eu aparenta ser coerente, visto que ele se identifica claramente com o complexo paterno e visto que esse complexo paterno determina em grande parte também em nós como coletivo o que é considerado normal e desejável. Eles têm uma identidade que lhes foi concedida pelo pai e que não precisa coincidir com sua identidade originária, e eles não podem tornar-se si mesmos, pois as afirmações complexadas dizem: "Você é todo o meu orgulho, e você continuará tendo sucesso se compartilhar dos meus valores e vivê-los em sua vida". Os dois parecem bem-adaptados no mundo dos homens. São bem-sucedidos, pragmáticos, trabalhadores, eficientes. Seu lema é: "Se você quiser, você consegue". Mas isso significa também que, inconscientemente, são devotos de uma ideologia do controle. Eles têm muitas ideias de como controlar perigos, como estes podem ser minimizados através de leis. Podem até convencer a si mesmos de que o mundo está se tornando um lugar cada vez *mais seguro*, que *tudo está sob controle.*

Eles sabem pouco de seu próprio medo. Abalos ocorrem em sua vida sentimental quando o lema "Se você quiser, você consegue" não funciona mais, por exemplo, quando ocorrem doenças ou problemas no relacionamento que não podem ser resolvidos *racionalmente* ou quando são obrigados a encarar o problema do envelhecimento. Então são obrigados a buscar ajuda no mundo desvalorizado do feminino, o que é muito mais fácil para o homem com complexo materno, visto que parte dele sempre vive nesse mundo. Então irrompem também crises de sentido, humores depressivos os levam a buscar aquilo que sustenta na vida, algo que, para esse tipo de homem, é difícil de encontrar, pois se encontra longe de seus sentimentos verdadeiros. O medo, que naturalmente existe, mas que não pode ser admitido, é combatido por meio de controle. Isso prejudica a criatividade.

Existe sempre uma pressão subliminar de mostrar desempenho, pois para ser reconhecido esse homem precisa fazer algo, mas ele sabe que sempre conquistará o reconhecimento. Inconscientemente, esse tipo sente que, apesar de ter uma *vida muito boa*, uma necessidade fundamental – a participação – só é satisfeita parcialmente. O homem cunhado pelo complexo materno é mais feliz. Ele também corre perigo de viver com uma identidade deduzida do pai e do complexo paterno, mas ele está mais próximo dos valores sentimentais, consegue interagir melhor com seus aspectos femininos, caso seja necessário. Ele se mostra menos vulnerável quando sofre golpes do destino.

Filhas atenciosas
O complexo paterno originalmente positivo na mulher

O pai pode ter sido cunhado mais fortemente pelo complexo materno ou pelo complexo paterno. Evidentemente, isso exerce uma influência também sobre a atmosfera complexada da filha. Parece-me que o vínculo pessoal com o pai que também tem um complexo materno positivo perdura mais, pois possui uma coloração erótica. Acrescentarei dois exemplos que mostram que o complexo paterno originalmente positivo pode se manifestar de modos bem diferentes; por outro lado, quero demonstrar também que o complexo paterno se manifesta ou na relação com homens concretos ou na relação com aquilo que a nossa cultura define como masculino, como normas, valores, interesses intelectuais etc.

"Homens simplesmente são mais interessantes"
Nora

Nora tem 34 anos de idade. A referência a *Nora* ou *Uma casa de bonecas* na escolha desse pseudônimo não é aleatória. Ela se casou aos 19 anos, tem três filhos e trabalha dez horas por semana em seu primeiro emprego. Ela parece muito nova; é difícil reconhecer nela a mãe de três filhos já bastante crescidos. Ela demonstra um gosto requintado naquilo que veste e usa sapatos de saltos altos. Na rua de terra na frente do meu consultório, ela tropeça. Ambas sorrimos, e ela diz: "O que não fazemos pelos homens, né?" Não consigo detectar nenhum homem na vizinhança.

Nora busca esclarecimento numa crise relacional. Ela se apaixonou por um professor mais velho, que faz *palestras arrebatadoras*. Ela está preocupada porque não sabe o que isso significa para seu casamento. Nem o professor nem o marido sabem dessa paixão. Mas Nora se sente *espantada*. Durante a nossa conversa, ela usa muitas afirmações do tipo: "Meu marido também diz, meu marido quer, meu marido decidiu", mas também: "Meu pai diria, meu pai acha..." Ela diz que procurou uma terapeuta mulher porque, "na presença de homens, fico automaticamente boba, me adapto, perco minha vontade própria, passo a flertar e, normalmente, tenho sucesso com isso". Essa mulher consegue refletir sobre sua relação com homens com uma frieza surpreendente, mesmo assim não é capaz de mudar seu comportamento. Ela anotou algumas perguntas sobre as quais quer conversar comigo. "Homens mais velhos sempre me fascinam. Isso é uma expressão de um complexo paterno? Caso positivo, o que devo fazer?"

Nora é uma mulher esperta, está em harmonia com o mundo e consigo mesma. Ela se mostra como mulher pragmática, interessada, desperta, muito estruturada naquilo que diz. Ela impõe a estrutura também à nossa conversa, de modo que esta deixa de ser uma conversa em que poderia ocorrer também algo criativo, imprevisto. É mais uma interação com perguntas e respostas. Ela tende a primeiro arquivar as minhas respostas como que de uma autoridade e, às vezes, as anota palavra por palavra. Durante a consulta seguinte, ela me confronta frequentemente com a reação de seu pai ou de um de seus *professores* às minhas afirmações. Quando estes as julgaram em grande parte como *sensatas (para uma mulher*, eu me senti tentada a acrescentar), ela conseguiu relaxar mais na minha presença. É difícil descobrir o que ela mesma acha, o que ela pensa pessoalmente. Um aspecto incomum é sua tendência a se apaixonar, algo que não se encaixa no seu conceito de vida.

Ela é amigável, mas preserva certa distância fria, o que se deve ao fato de eu ser uma mulher. Com um homem, ela interagiria de modo diferente – algo que ela mesma admite. É mais fácil descobrir o que os homens querem ouvir, diz ela. E, para ela, é claro também que os homens são autoridades e que ela, Nora, está lá para aprender algo. Por causa da minha formação, ela também estaria me tratando agora um pouco como um homem. Ela reage irritada à minha pergunta se não se pode aprender nada de uma mulher. É claro que sim, em teoria – mas na prática? Afinal de contas, ela sempre aprendeu com os homens. E com os homens ela também pode flertar um pouco, o que torna tudo mais agradável, a conversa flui melhor.

"O que não fazemos para agradar aos homens"

A cunhagem e o efeito desse complexo paterno

Nora constata: "Eu sou a única filha do meu pai". A expressão um pouco estranha, mesmo que diagnosticamente expressiva é considerada correta e *normal* por ela. O pai sempre a admirou, e ela retribuiu a admiração. Ele também gostava de demonstrar publicamente o quanto ele se orgulhava dela, e ela fazia questão de lhe dar todas as oportunidades de se orgulhar dela. Nora disputava com a mãe e só se satisfazia quando podia ter certeza de que o pai lhe concedia mais direitos do que à mãe. E ela o testava: "Creio que fazia isso desde sempre, mas eu me lembro conscientemente apenas do tempo em que eu tinha 10 anos de idade. Sempre que achava que algo estava acontecendo entre meus pais, eu começava a gritar ou chorar, e então meu pai vinha correndo para o meu quarto, acalmava-me e, às vezes, dormia ao meu lado. Isso me enchia de orgulho". Ela descreve uma relação muito próxima entre pai e filha, cujo grande objetivo era a admiração mútua. Diante da relação com o pai idealizado, a relação com a mãe passou totalmente para o segundo plano. Suas lembranças dela são claramente lembranças "mais tardias"; no entanto, existem muitas fotos da primeira infância dela, nas quais o pai e ela se olham com alegria. A mãe está sempre em segundo plano.

Aos 16 anos de idade, ela costumava sair para dançar com o pai, a mãe não dançava bem e não gostava de dançar. Ela se lembra também que, nas aulas de professores dos quais ela gostava, ela era sempre muito melhor do que nas aulas daqueles professores que não *davam atenção para ela*. "Na escola, os homens sempre podiam ou me incentivar ou deixar desanimada." Hoje, ela acha isso surpreendente e também um pouco preocupante. Ela se lembra também que o pai ficava com ciúmes dos professores que conseguiam motivá-la tanto. Uma afirmação complexada no sentido mais restrito poderia ser: "Você não deve admirar ninguém mais do que a mim".

Homens são muito importantes para ela. Eles instigam, orientam e controlam, permitindo assim também certa infantilidade, e desafiam o charme que lhe permite obter muitas coisas. Ela se casou aos 19 de idade.

Um aspecto do complexo paterno originalmente positivo é que convenções e papéis convencionais são cumpridos. O complexo paterno é transferido para aquilo que *se* faz. E também a roupa que ela usa não corresponde primariamente àquilo que ela gosta, mas àquilo que *se* veste no momento; ela até precisa se acostumar a esse estilo, "mas todos estão vestindo isso..." Pelo menos todos que importam para ela.

Seu marido era um aluno de faculdade que trabalhava na loja do pai dela e sobre o qual o pai sempre dizia: "Esse é o filho que eu sempre quis – além da filha amada, é claro". Na festa de casamento, ela dançou mais com o pai do que com seu marido. Isso chama atenção. No entanto, quando surge uma atmosfera com uma carga erótica tão grande entre pai e filha, os dois ficam aliviados quando as regras controlam o perigo de uma sedução. O pai estava muito satisfeito com a escolha da filha. Ela se mostrou muito capaz de se adaptar ao casamento. Ela tinha aprendido isso do pai: uma boa esposa sabe se adaptar. Primeiro, ela ajudou seu marido a *arrumar* o caos na vida dele, e nesse contexto ela o convenceu a terminar sua dissertação. Ela conta: "Meu marido mudou muitas vezes a imagem que tinha das mulheres. Primeiro, ele precisava de uma companheira. Depois, por vários motivos, ele passou por momentos difíceis e precisou de uma mãe. Quando melhorou, ele procurou algo como uma 'mulher sedutora' em mim. Fui tudo isso para ele". Sua voz comunica orgulho, é como se ela me dissesse: "Veja como sou versátil". Nora se alegra quando seu marido diz que ela é "como cera em suas mãos". Ela não sabe responder à minha pergunta em qual papel ela se sentiu especialmente à vontade ou desconfortável: tudo era divertido de alguma forma. Ela tem orgulho do fato de ter um bom relacionamento com seu marido. Em seu local de trabalho, cercada por mulheres, ela é mais independente, mais determinada, crítica e interessada do que em casa. Assim que aparece um homem, ela rivaliza com qualquer mulher. Em casa, ela responde aos desejos do marido. Isso também é típico do complexo paterno originalmente positivo: fora dessa área complexada, essas mulheres conseguem ser independentes e inovadoras. E podem também exercer um papel político; visto que conhecem os homens muito bem, elas sabem como devem agir para ter sucesso. Na relação pessoal com um homem, porém, a mulher se transforma novamente na menina que se adapta. (Existiria também a possibilidade da menina rebelde.)

Uma vez por semana ela sai com o pai para jantar. Sua mãe nunca exerceu e não exerce *nenhum papel*. Mas ela também não se lembra de nenhuma situação muito difícil com a mãe. Desde o início, "estava claro que o pai era o mais importante". Ultimamente, a mãe passou a criticá-la e acha que ela é uma mulher *antiquada*. As amigas, que, porém, não ocupam um lugar muito importante na sua vida, têm a mesma opinião dela. O que é problemático para ela – e isso é um sinal claro de que está na hora de se desligar do complexo paterno originalmente positivo – é que ela tem um medo crescente de tomar decisões, não no âmbito profissional, mas na vida privada. Esse medo está vinculado ao fato de ela ter se apaixonado várias vezes por homens mais velhos e ter vivenciado sentimentos que nunca vivenciou nem vivencia com seu marido. É justamente nessas *paixões imprevistas* que se anuncia uma mudança no âmbito do complexo paterno.

Os homens pelos quais ela se apaixona são homens de palavra, o pai é mais um homem de ação – como seu marido também. Possivelmente, o fascínio dela visa não a esses homens mais velhos em si, para os quais ela pode transferir seu complexo paterno com facilidade – e seu anseio é, provavelmente, poder admirar e ser admirada –, mas a um aspecto do complexo paterno que, até agora, ela não vivenciou: o aspecto espiritual e intelectual. Existe, porém uma dificuldade: em relação a uma afirmação complexada típica de sua constelação do complexo, ela não pode admirar ninguém mais do que seu pai. Possivelmente, ela transferiu essa proibição também para o relacionamento com seu marido, pois o objeto de sua preocupação é a relação com o marido. Essa preocupação pode muito bem ser legítima; em todo caso, um desligamento do complexo paterno questionará a relação com seu marido: o que restará em termos de afeto, o que restará para sustentar o casamento se a transferência do complexo não ocorrer mais? Em todo caso, é preciso que ocorra um desenvolvimento, pois o problema do medo se faz presente na vida de Nora de forma preocupante e mostra também que ela corre o risco de perder algo essencial em sua vida. Muito provavelmente, o próprio pai de Nora foi cunhado por um complexo materno originalmente positivo. Não tenho como saber em que medida ele conseguiu se desligar dele na idade apropriada. Pais com um complexo materno positivo são homens sensuais, eróticos, que prezam a vida e, é claro, também a filha. Admiração é importante para eles, e é mais fácil conquistar e preservar a admiração da filha do que da esposa. Quando a filha se identifica com o lado da filha nessa constelação de complexo como filha atraente do pai, que pode ser deificado e que possui um *savoir vivre* – em determinado nível –, então essas filhas se tornam mulheres que emanam uma forte energia erótica e que

Filhas de pai, filhos de mãe

a usam, que prometem muita disponibilidade. Muitas vezes são mulheres inteligentes, mas subestimam esse talento intelectual ou aprenderam a *escondê-lo* e a usá-lo apenas quando necessário. Elas receberam muita admiração do pai e, por isso, possuem uma autoestima supostamente boa. A mãe é ignorada, a filha não vivenciou solidariedade nem conflito com ela. Ela é desvalorizada. No entanto, essas mulheres jamais admitiriam isso. Dizem: "Só acho os homens mais interessantes, mais excitantes, mais confiáveis..." Não percebem que ainda não se envolveram realmente com outras mulheres.

A boa autoestima depende da admiração que recebem dos homens. E é aí que está o grande problema das mulheres com essa cunhagem de complexo: quando alguém garante nossa autoestima, ficamos à mercê dessa pessoa. Quando perdemos essa pessoa, perdemos também nossa autoestima. Além disso, os homens são vivenciados como inspiradores, como força ordenadora, e também como *direcionadores*, são eles que decidem o que há de acontecer. No entanto, quanto mais uma pessoa permite que outro a direcione, maior é também a possibilidade de ela ser *desviada*, para um lugar que parece ser o lugar adequado para a pessoa direcionadora, mas não necessariamente para o lugar para o qual tendem as possibilidades de desenvolvimento. Em segundo lugar, existe o perigo de uma reação de medo por parte da pessoa direcionada quando esse *direcionamento*[87], essa decisão de outra pessoa sobre a nossa própria vida, deixa de existir, pois ela nunca aprendeu a dirigir e direcionar sua própria vida. Isso se torna um problema o mais tardar no meio da vida. De repente, essas mulheres se sentem *vazias*, não sabem quais são seus

---

87. König, 1981, p. 16ss.

próprios desejos e necessidades, elas se sentem manipuladas, sem recursos e meios de se opor a isso como algo positivo. Elas desenvolvem um medo da vida, mas também um medo de tomar decisões relativamente insignificantes.

Esses problemas de medo e ansiedade estão ligados ao fato de que elas nunca aprenderam a assumir nem a responsabilidade pela própria vida nem as consequências de decisões erradas. No fim das contas, esse medo se deve ao fato de que a sua essência mais íntima está excluída da vida. Elas não são elas mesmas. Muitas vezes, esse medo é somatizado, pois a filha de um pai não deve ter medo. Quando o medo se manifesta, essa mulher precisa ainda mais de uma pessoa que a *direcione*, e isso impede que se inicie a conscientização de si mesma. No entanto, uma mulher com essa cunhagem de complexo tem dificuldades de admitir seu medo. Identificada com o lado do pai de seu complexo paterno, muitas vezes ela parece ser uma mulher com um complexo do eu extraordinariamente estruturado; apresenta-se como sensata, à prova de estresse. E, na maioria das vezes, isso é verdade quando se trata do convívio com a vida *externa*, mas não no convívio com o próprio desenvolvimento. A força do eu, que, no início, chega até a impressionar, é uma força emprestada, sua identidade é uma identidade *derivada* do complexo paterno[88], não é uma identidade original. No entanto, uma das tarefas de desenvolvimento imprescindíveis é, ao longo da vida, encontrarmos cada vez mais a nossa própria identidade.

Nessa cunhagem de complexo se mostra também a influência do coletivo. Até recentemente, Nora teria sido considerada uma mulher que representa o papel da mulher de

---

88. Kast, 1991, p. 171ss.

maneira ideal. Hoje, isso já não é mais o caso. Até a sua mãe a acusa de ser uma mulher *antiquada*. No entanto, essa imagem de um possível papel de mulher não desapareceu totalmente. O que preocupa e alarma é que um desenvolvimento que ignora totalmente o devir próprio da mulher era apresentado como algo desejável ou até mesmo como um ideal. Com isso, a sociedade não fez um favor nem às mulheres nem aos homens, nem aos filhos nem ao casamento, mesmo que, à primeira vista, possa parecer que exista um lado que tenha tirado uma vantagem clara desse arranjo.

"Falta de humanidade"

Anne

A dependência pessoal da filha do pai costuma passar para o segundo plano no caso de pais cunhados mais pelo complexo paterno. Então a identificação ocorre mais com a atmosfera do complexo paterno, caso em que o pai pessoal e as interações significativas com ela conseguem conferir uma coloração pessoal a esse complexo.

Anne tem 34 anos de idade. Ela é uma acadêmica e ocupa uma posição de liderança numa instituição terapêutica. A sua equipe afirma que ela é muito confiável, imparcial, competente, mas pouco *humana*, ela é controladora e também medrosa demais. É difícil desenvolver uma relação afetuosa com ela, ela insiste em sua autoridade.

Anne tenta organizar esses *feedbacks*, pois *feedbacks* não são simplesmente descrições do modo de ser de uma pessoa, mas também resultados de um processo interacional; eles dizem muito sobre expectativas que não foram satisfeitas ou sobre as diferentes noções de como uma posição de liderança deveria ser preenchida. A crítica de ser muito controlada e pouco *humana* afeta Anne. Nas sessões de análise, ela deseja descobrir as raízes dessa crítica, pois ela se percebe como controlada também na vida privada, onde, porém, ela consegue se impor com irrupções emocionais. Ela é solteira, vive sozinha e tem uma rede relacional com diferentes "amigos e amigas não muito próximos". Além disso, ainda apresenta vínculos fortes com sua família de origem e passa seu tempo livre com seus inúmeros irmãos. No contato pessoal, Anne passa a impressão de ser distante, um pouco ríspida. Ela fala claramente o que quer. Quando avalia a si-mesma, ela é impiedosa e impiedosamente honesta. Quando ela descobre algo em si mesma que ela não considera positivo, aquilo deve ser banido imediatamente. Ela é muito confiável e uma profissional muito responsável. É inteligente, mas sempre precisa examinar tudo em seus mínimos detalhes. Na verdade, ela parece ser uma pessoa receosa, medrosa. Num primeiro contato, porém, essa pusilanimidade se faz passar por minuciosidade. Ela é muito culta e tem orgulho de seu conhecimento e de suas habilidades. Ela mesma diz que não consegue lidar com situações que exigem uma solução incomum. A impressão que ela me passa no início é de que é uma mulher com um complexo do eu extraordinariamente coerente, ela parece ter um eu muito forte.

O que chama atenção é que ela se vê obrigada a cumprir normas extremamente rígidas. Quando não consegue cumpri-las, começa a duvidar de si mesma e reage com medo. Ela tenta se defender contra esse medo com um controle ainda maior, pede mais uma opinião e volta a analisar o caso desde o início. A essas normas internas rígidas corresponde o fato de que ela acredita em autoridade e se submete a ela – algo que não é evidente à primeira vista –, e ela mesma se apresenta como autoridade. Ela não sabe que se apresenta como autoridade, mas sabe que acredita e se submete às autoridades; ela sente vergonha quando se pega descartando suas próprias ideias e se submete à opinião de uma autoridade maior. Ela conhece a falta de coragem vinculada a essa crença em autoridades. Em sua área profissional, porém, ela também é uma autoridade. Terceiros avaliam seu trabalho muito melhor do que ela mesma, e ela também é bastante inovadora. Evidentemente, porém, ela exige muito de si mesma, mas não consegue satisfazer essas exigências. Seus funcionários reconhecem esses lados positivos dela, mas sentem falta de *humanidade*. Anne não demonstra muita empatia consigo mesma: aquilo que reconheceu como erro em si mesma deve ser mudado. "É preciso saber fazer isso, caso contrário falta boa vontade, concentração" etc. "Se você quiser, você consegue!"

Ela está convencida de que o ser humano só recebe afeto se ele der algo em troca, e não entende por que ainda não encontrou um parceiro amoroso, pois tem certeza de que tem algo para dar. Ela tem encontros frequentes com homens, mas eles logo perdem o interesse por ela. Quando ela pergunta pela causa de seu recuo emocional, eles respondem: "Faltou a química". E sincera como ela é, admite que também não sentiu nenhuma química, mas às vezes gostaria de ter mais tempo para ver se a química não apareceria com o tempo. Via de regra, o tempo não lhe traz o amor, mas, na maioria das vezes, amizades muito resilientes. Anne é perfeita como colega que sempre oferece um abraço, um conselho. É uma companheira descomplicada, mas só isso.

"Quem não reconhece isso é inapto para a vida"

Cunhagem e efeito desse complexo paterno

Anne é a mais velha de quatro filhos. Seu pai queria muito um filho, que acabou nascendo por último. Apesar desse desejo, ele se encantou com sua filha esperta, mas não dedicou muito tempo a ela. Ele era advogado; à mesa, ele falava muito sobre questões jurídicas, e Anne se lembra que ordem, direito e justiça, mas também comedimento e a pergunta pela medida certa sempre foram temas importantes. Anne se sentia muito importante quando ela podia sair com o pai sozinha e ele a perguntava o que estava acontecendo na escola e, por meio de suas perguntas, levava a filha a decidir se aquilo que acontecia era justificável, bom ou ruim. Ela adotava uma argumentação masculina: existem regras e elas precisam ser impostas. O pai não permitia que as regras fossem mudadas e adaptadas ao tipo ou à forma das relações. Anne se lembra de uma colega que foi pega mentindo; ela tinha mentido para proteger uma amiga não tão talentosa, que, na opinião das garotas, era sempre tratada de forma mais dura pelo professor. Anne queria mostrar para o pai que esse tipo de mentira não era igual à mentira contada para o bem próprio. Mas o pai insistiu: mentir é ruim. Anne se convenceu.

As pesquisas psicológicas atuais mostram que Anne apresentou uma argumentação tipicamente feminina, uma argumentação que leva em conta a situação relacional em que algo é feito[89]. Depois, porém, ela adotou o raciocínio do pai nesse discurso ético.

Ela extraía sua autoestima da admiração um tanto modesta que recebia do pai. Na verdade, a mãe era muito mais

---

89. Gilligan, 1984, p. 83ss.

afirmativa do que o pai, mas essa confirmação não tinha tanto valor para ela. A mãe era também muito mais carinhosa, mas ela queria o carinho do pai. Anne se lembra do pai como um homem excessivamente esforçado, como um homem que exigia muito de si mesmo, que era seu próprio crítico mais duro quando não cumpria suas exigências. Hoje, ele se tornou mais manso, tanto consigo mesmo como com a família.

Anne, porém, internalizou aquele complexo paterno, no qual o papel do pai consiste em exigências rígidas e implacáveis, que ela cumpre em grande parte, mas que, a despeito de sua dedicação, tiram a alegria da vida. Anne já não é mais tanto a filha de seu pai, ela – visto de fora – se desligou dele. Na atmosfera complexada, porém, ela é marcada em grande parte por esse complexo paterno originalmente positivo, que bloqueia determinados ambientes da vida, como a área das emoções calorosas, sentimentos de pertença inquestionada sem a necessidade de ter que fazer algo por isso.

Anne possui uma imagem que permite esclarecer um aspecto pessoal de seu complexo paterno. Ela se vê com seu pai sentada a uma mesa de pedra. Ela sabe exatamente que era uma mesa de pedra porque seu pai conversou com ela sobre o tempo de vida maior dessa mesa, apesar de ela, como criança, não ter gostado de tocar essa mesa. Ela se lembra de como o pai – normalmente um homem muito controlado – de repente se irritou e disse: "Quem não reconhece isso é inapto para a vida". Naquele momento, Anne se viu muito pequena sentada àquela mesa e sabia que, se ela insistisse em se sentar a uma mesa de madeira, ela seria *inapta para a vida* aos olhos do pai. A criança sabia o que isso significava; ela ouvia com frequência como seu pai acusava outros de serem *inaptos para a vida*. Aptidão para a vida era um valor muito alto. O pai não se dirigia à criança com o seu desejo de compartilhar sua preferência pela pedra duradoura, mas argumentava num nível coletivo, ou seja, abandonava o nível relacional. Com essa argumentação, Anne estava excluída da relação afetuosa com o pai, mesmo quando decidiu abrir mão de seu anseio pela madeira.

As opiniões *racionais* do pai deviam ser compartilhadas, caso contrário, Anne corria o risco de uma expulsão dupla: ela era declarada *inapta para a vida* e deixava de ser tratada num nível pessoal. Essas duas experiências a lançaram em uma grande solidão e afetaram gravemente a sua autoestima. O que ela podia fazer senão adotar as máximas do pai? Mas, como criança, ela nunca sabia se ela as tinha adotado em medida suficiente, pois o pai não lhe dava nenhum sinal de confirmação. Assim, permanecia em Anne sempre um sentimento latente de não ter feito o bastante, de nunca poder estar satisfeita consigo mesma.

Ela mesma suspeita que se identifica com o papel do pai de seu complexo paterno e que essa é a razão pela qual seus funcionários sempre acham que nunca conseguem satisfazê--la. Pessoalmente, porém, ela se vivencia muito mais na posição de criança na constelação de complexo. Ela tem dificuldades de aprender a dar um *feedback* aos colegas quando acha que fizeram um bom trabalho. Ela reconhece a necessidade de fazer isso, mas, ao realizá-la, percebe de repente o quanto ela se parece com o pai nos padrões de comportamento dos *feedbacks* ausentes ou excessivamente sóbrios.

Na interação com as expressões de seu inconsciente, percebi que ela sempre tentava *controlar*, entender, categorizar, designar aquilo que aparecia. Quando apareciam figuras, como, por exemplo, figuras do *animus* do tipo do estranho misterioso e fascinante, das quais ela precisava desesperadamente para se conscientizar de aspectos adormecidos de sua psique, ela não conseguia simplesmente senti-las, não conseguia absorver as fantasias que surgiam nem as emoções que as acompanhavam. Sua tendência era simplesmente constatar sua presença e passar para o ponto seguinte. Só com o passar do tempo ela conseguiu perceber que essa sua objetividade limitava sempre uma plenitude que se apresentava em seus sonhos e a transformava em um *nada mais*, o que a deixava desnutrida e com a sensação de não ter cumprido bem a sua tarefa. E esse sentimento até era correto, pois ela aplicava o método errado. Quando aprendeu a mergulhar mais nas imagens de seu inconsciente, ela começou a descobrir um *outro mundo*, um mundo em que ela podia se entregar, no qual o desempenho não era tão importante. Ao mesmo tempo, a sua mãe se tornou mais interessante para ela; ela começou a conversar com sua mãe e se lembrou de situações da sua infância com a mãe que antes haviam sido bloqueadas.

Alunas dóceis

Pontos em comum das mulheres com um complexo paterno originalmente positivo

Para as mulheres com ambas as formas de socialização, os homens mais velhos são atraentes – algumas se sentem mais atraídas pelo homem mais velho erótico, outras são atraídas mais pelo homem mais velho espiritual. O mais atraente é aquele que apresenta uma mistura de erotismo e espiritualidade. Na mulher que foi cunhada por um pai com um complexo materno positivo, o vínculo erótico ocupa o primeiro plano; na mulher cunhada por um pai com um complexo paterno, o vínculo é de natureza mais platônica. Ambos os tipos de mulheres falam pouco sobre si mesmas, elas se ocupam pouco com o próprio si-mesmo, mesmo que a aparência seja outra. Enquanto uma delas diz: "Meu marido diz", a outra fala eloquentemente sobre resultados de pesquisas realizadas por homens. Ambas costumam ser alunas dóceis. Quando têm pouco talento criativo, elas podem ser extremamente arrogantes. Ambas nutrem, caso não exista também um complexo materno que as consiga sustentar, a convicção de que é preciso se esforçar por tudo neste mundo, pois nada vem de graça, muito menos o amor. E que isso deve valer também para os outros. O problema da idealização dos homens e do masculino e a desvalorização concomitante e quase imperceptível de si mesma como mulher, das mulheres e do feminino, é um dos problemas principais. Os pais, homens, amigos, teorias e conhecimento são idealizados. Afirmações se transformam facilmente em máximas inquestionáveis, que chegam a adquirir uma aura de sacralidade.

A idealização dos homens e do masculino coloca essas mulheres numa posição de dependência, que seria desnecessária em vista de sua natureza. Por vezes, isso se manifesta também no fato de que, quando agem por conta própria, elas se mostram como competentes e capazes de assumir as rédeas de sua vida. Quando estão na presença de homens, essas mesmas mulheres se transformam em alunas atenciosas. Muitos homens parecem gostar disso, um motivo a mais para essas mulheres permanecerem nessa posição. A mulher se apresenta então como um pouco mais boba do que realmente é e não vive à altura de suas possibilidades. A filha do pai com complexo paterno tem mais dificuldades de harmonizar isso com sua própria autoimagem: ela tenta evitar situações em que poderia se transformar em filha.

A mulher que não conseguiu se desligar suficientemente de seu complexo paterno originalmente positivo se define por meio do homem, permite que o homem ou a relação com as autoridades definam sua identidade. Assim, o homem assume um papel muito importante, pois a identidade dela parece depender do homem e de sua afirmação e valorização. No fundo, porém, o pai não é capaz de lhe dar o reconhecimento necessário. A identidade da mulher deve ser alcançada no confronto consigo mesma como mulher, com outras mulheres (com as quais esse tipo de mulher rivaliza) e no confronto com a mãe e o materno.

Ordem e aplicação generosa das leis

Os deuses-pais: uma digressão

Não são só os pais individuais com seus complexos paternos que exercem um papel na cunhagem de complexo; temos também uma imagem coletiva do pai que, ainda hoje, deseja ver o pai como atualização do "herói em mil figuras"[90]. E também a importância do pai para a criança individual se vê, muitas vezes, numa contradição curiosa com a realidade: muitas vezes, a disponibilidade do pai é muito reduzida, mesmo assim ele exerce – sobretudo graças ao patriarcado e à idealização por meio das mulheres – um papel muito mais significativo do que lhe caberia com base em seu trabalho relacional com as crianças. Mesmo que agora já exista uma geração de *novos pais*, estes não conseguirão mudar essa

90. Dieckmann, 1991, p. 11.

imagem coletiva do pai em curto prazo; talvez, porém, consigam gerar alguma inquietação no âmbito do conceito de pai e assim abrir novos caminhos. No caso de seus próprios filhos, criarão um complexo paterno interessante, pois a experiência com o pai pessoal e as experiências que seriam feitas com o pai normalmente são separadas por um abismo. (Uma conversa entre duas crianças de 5 anos de idade: "Meu pai sabe consertar". Pergunta a outra: "Bicicletas?" – "Não, tudo: meias, calças *jeans*, camisas..." – "Então não é um pai de verdade...") Existem na história da cultura muitos deuses-pais por trás da imagem do pai, que representam o aspecto arquetípico. No entanto, parece-me importante não esquecer o aspecto social quando falamos do aspecto arquetípico. Facilmente poderíamos ser tentados a *justificar* arquetipicamente aquilo que, socialmente – também como expressão do espírito do tempo –, definimos como *paterno* e assim fixá-lo de forma totalmente inadmissível como algo que sempre foi assim – como algo tipicamente humano. Assim, porém, dificultaríamos ainda mais as mudanças necessárias no papel e na imagem do pai.

Mesmo assim: três deuses-pais, que, por mais diferentes que sejam, também apresentam algumas semelhanças, podem nos dizer algo sobre aspectos arquetípicos e constantes nas imagens paternas – sendo que o aspecto arquetípico é enriquecido pela vida vivida[91].

Homero descreve Zeus frequentemente como "manso e bondoso como um pai". Zeus é o senhor e regente da vida divina e humana. No entanto, ele não governa sobre as moiras, as deusas do destino, que decidem também sobre vida e morte. Trata-se, portanto, do domínio sobre a vida no aquém,

---

91. Sheldrake, 1990, p. 373ss.

a vida da ação consciente. Zeus também pune; quando necessário, ele lança seus raios. Ele não é isento de emoções, nenhum deus-pai é isento de emoções, e vez ou outra ele dá vazão às suas emoções provocando tempestades sobre os mortais e imortais. Mas Zeus é também um espírito livre autêntico, principalmente no que diz respeito às suas aventuras sexuais. Homero nos conta que Zeus traz a ordem patriarcal, ou seja, mais *ethos*, mais estrutura e mais espiritualização da vida. *Ethos* é algo que ele parece exigir principalmente dos outros. No entanto, Zeus parece ser um deus com complexo materno originalmente positivo, se é que isso é algo que podemos dizer sobre um deus, levando em conta que, na era minoica, Gaia teve que esconder Zeus de seu pai Cronos, porque este estava devorando seus filhos. Foi nessa época também que Hera seduziu Zeus – ao estilo da Grande Deusa e de seu amante-filho[92].

Na mitologia nórdica, conhecemos Odin ou Wotan. Ele é chamado de Todo-pai. Ele também possui alguns traços típicos: é um deus da guerra, mas não participa da guerra. É um deus do êxtase, de onde provém também o seu nome Wotan, que apresenta um vínculo com a ira, uma ira que pode ser totalmente extática. Wotan é também um deus da sabedoria e da poesia. A mitologia conta que ele costuma vagar pelo mundo com um chapéu e um manto estrelado, para reestabelecer a ordem no mundo. Durante suas caminhadas pelo mundo, ele controla, por exemplo, se os seres humanos estão levando a sério a virtude da hospitalidade. De vez em quando, ele se senta em seu trono para obter uma visão geral das coisas. Dois corvos lhe contam o que está acontecendo no mundo. E

---

92. Kast, 1984, p. 90ss.

ele não é imortal. Isso significa que a ordem que ele representa e que tenta estabelecer e manter também com toda a sua criatividade tem prazo de validade.

Mudanças na imagem do deus-pai se evidenciam então também no cristianismo: nos escritos do Novo Testamento, Deus se transforma em Deus-Pai por meio de sua relação com Jesus. Jesus é o Filho; a relação de Deus com os seres humanos, simbolizada em Jesus, torna-se mais familiar. Se Jesus tivesse sido um ser humano, Ele teria tido um complexo paterno originalmente positivo. O desligamento ocorre na cruz, quando Jesus exclama: "Meu Deus, por que me abandonaste?" A traição pelo pai ou pela mãe faz com que a pessoa é obrigada a se conscientizar de seu próprio complexo do eu, a se reconhecer e entender como uma pessoa individual e de assumir o seu próprio destino pessoal. Quando analisamos o Deus-Pai do Novo Testamento, podemos constatar certa mudança: o que vale agora não é primariamente a lei do Antigo Testamento; na interpretação de Jesus, a lei é aplicada de forma mais livre e bondosa.

Quando tentamos identificar os pontos comuns, chama atenção que todos esses deuses-pais são caracterizados por surtos de energia. Outro aspecto da qualidade paterna arquetípica é a tentativa de obter uma visão geral, certa ordem – esta, porém, precisa ser recriada e redefinida constantemente. Trata-se de inserir o aleatório, que costumamos atribuir ao emocional, numa ordem compreensível e de controlá-la na vida do indivíduo. No entanto, não se trata da imposição dura da lei, mas de sua aplicação bondosa. Em nossos anseios paternos encontramos algo disso: o anseio por alguém que tenha uma visão geral de tudo, por alguém que entenda a vida e não pare de querer entendê-la, por alguém que encontre as leis que, aplicadas com bondade, deem à vida uma certa previsibilidade. Grande parte desse anseio tem sido projetada sobre a ciência patriarcal, outra parte considerável, sobre os políticos e sobre alguns homens individuais. Deles esperamos receber a visão geral, os prognósticos para o melhor futuro possível ou as leis que mudem a vida de tal forma que ela passe a corresponder às esperanças vinculadas ao futuro. Essa é a razão pela qual os homens autoritários conseguem recrutar seguidores com tanta facilidade: eles prometem realizar um anseio que o pai pessoal raramente cumpriu e nem consegue cumprir.

Pouquíssimas pessoas se lembram de que – já que o paterno é *arquetípico* e, por isso, poderia ser vivenciado e ativado na psique de todas as pessoas, talvez com uma coloração diferente em homens e mulheres – cada um deveria ativar essas habilidades paternais em seu próprio âmbito de vida da melhor forma possível. No entanto, acredito também que, nesse caso, seria absolutamente necessário estabelecer um vínculo com o materno; caso contrário, o paterno permanece muito abstrato, permanece demais naquilo que *se* deve pensar e fazer, de modo que seria necessário complementá-lo por um vínculo com o relacional.

O pai como o outro

Seu papel na psicologia do desenvolvimento

Segundo a psicologia clássica do desenvolvimento[93], o pai tem a função de possibilitar ao filho que ele se abra para o mundo e saia da simbiose íntima entre mãe e filho. Bovensiepen, que se opõe às atribuições patriarcais de nor-

---

93. Mahler, Pine e Bergmann, 1978.

mas, autoridade, ordem e espírito à pessoa do pai, fala da capacidade do pai de "iniciar e impulsionar processos de desenvolvimento, de catalisar mudanças na relação pai-mãe--filho"[94]. Ou seja, ao pai é atribuída a função iniciadora, que poderia ser vinculada à energia inclusiva dos deuses-pais.

No entanto, devo lembrar que, na psicologia clássica do desenvolvimento e na psicologia psicanalítica do desenvolvimento, existem duas imagens que dominam os bastidores: a mãe retém e assim se transforma em *mãe da morte*, o pai dá impulsos e assim se torna representante da pulsão da vida[95]. Essa divisão surpreende um pouco – e não concorda nem com a realidade nem com a mitologia, mas está a serviço da idealização do pai e da desvalorização da mãe. Tanto pai quanto mãe deveriam poder dar impulsos. Mas quando essa função é delegada pela mãe ao pai, porque *é assim que deve ser*, então os pais são obrigados a dar impulsos. Evidentemente, podemos esperar que os pais dão seus impulsos de outra forma do que as mães. A função paterna de oferecer ao filho a abertura para o mundo provém da teoria da simbiose, que precisa ser *aberta*, ou da psicologia profunda, que fala da "irrupção do arquétipo do pai", que oferece à criança a possibilidade de abandonar o mundo da mãe e se voltar mais para a realidade[96].

No entanto, segundo as pesquisas da observação moderna de recém-nascidos, a fase simbiótica não existe, pelo menos não no início da vida, e o pai também se relaciona com o filho desde o nascimento. Mesmo assim: mesmo sem

---

94. Bovensiepen, 1987, p. 57.
95. Rhode-Dachser, 1991, p. 180.
96. Jung, OC 10, § 65.

esse construto teórico, podemos imaginar que uma segunda pessoa de referência importante e presente permite ao bebê entrar em uma relação de outra coloração em comparação com a mãe, o que, por sua vez, permite que uma criança possa construir diferentes padrões e expectativas em relação aos seus relacionamentos. Na teoria dos complexos, isso significaria que não é um único complexo que domina as ocorrências psíquicas. Isso facilitaria à criança interagir com situações novas, ela seria mais flexível, teria mais possibilidades de reação – e não estaria exclusivamente à mercê de uma única constelação de complexos. Isso tornaria mais fácil um desligamento do complexo materno na idade apropriada. O pai não seria obrigado a representar normas coletivas e autoridade etc.[97] Ele precisaria apenas ter uma relação *diferente* com a criança do que a mãe. Na vida posterior da criança, o pai teria que apresentar sua forma de orientação no mundo ao lado da orientação da mãe.

O estranho fascinante

O desenvolvimento do animus

Eu disse que, para um desligamento do complexo materno na idade apropriada, é preciso desenvolver não só o complexo do eu, mas também a *anima*. A *anima*, compreendida como o feminino fascinante e misterioso na psique do ser humano, inicialmente se funde com o complexo materno e ainda é claramente cunhada por ele, mas sempre apresenta aspectos do misterioso que, quando os analisamos, nos apontam o caminho para o vínculo complexado e depois se manifestam

---

97. Bovensiepen, 1987, p. 49-59.

em novas figurações muito menos influenciadas pelas cunhagens de complexo originais[98].

Na *anima*, o complexo materno desenvolve sua fantasia; nela vemos claramente a dimensão de desenvolvimento desse complexo. O mesmo vale agora também para o *animus*; o *animus* sendo as imagens do masculino em nossa psique, que apresentam claramente as qualidades do fascinante misterioso e assim ativam as nossas fantasias. A princípio, o *animus* também está ligado ao complexo paterno e apresenta a coloração de sua experiência especial na biografia. E também aqui vale: quando a pessoa consegue vivenciar as partes que não pertencem ao complexo paterno, mas que expressam o estranho fascinante, e permite as fantasias ligadas a ele, essas figuras são vivenciadas ou em sonhos e fantasias ou são percebidas nas projeções sobre pessoas reais, que permitem um desligamento do complexo paterno.

As figuras do *animus* deixam de ser primariamente paternas e são representadas fraternalmente por meio de garotos, velhos sábios ou figuras do estranho fascinante[99]. A vivência existencial de *animus* é descrita em categorias semelhantes às que descrevi quando falei do paterno arquetípico. Isso pode estar ligado ao fato de que, naturalmente, o *animus* é interpretado também por meio dos nossos hábitos experienciais patriarcais, principalmente quando ele ainda se encontra muito próximo do complexo paterno. E somente o *animus* na figura do estranho fascinante e misterioso nos daria uma certa oportunidade de transcender o patriarcal. A figura do *animus* traz um fascínio do amor ou o fascínio de uma ideia; a

---

98. Kast, 1993.
99. Ibid.

ele estão vinculadas ideias de penetrar a vida espiritualmente ou até mesmo de tirar a faísca de fogo da pedra, de encontrar uma grande passionalidade erótica ou espiritual. A inspiração intelectual é associada ao *animus* tanto quanto as qualidades de se dedicar a algo com concentração e agressividade. Complexo paterno e *animus* passam a se diferenciar, e quanto mais as diferentes configurações do *animus* não são mais influenciadas pelo complexo paterno – tanto o pessoal como o coletivo –, mais criativas as pessoas se tornam. No entanto, quando o *animus* é constelado, corremos o perigo de abstrair excessivamente, de *decolar* num surto de energia e de idealizar demais, de obedecer mais a uma lei do que a uma sensação. A lei bondosa, a transição para ordens sempre renovadas pode ser vivenciada quando a *anima* também é desenvolvida. Sem a *anima*, sem a permanência no emocional, sem a sensação básica da pertença e do vínculo de tudo com tudo, falta a dimensão horizontal da vida, falta o aspecto sentimental.

"Uma pessoa ruim num mundo ruim"
O complexo materno originalmente negativo na mulher

Típico do complexo materno originalmente negativo é a sensação de ter que lutar por tudo aquilo que se precisa para sobreviver. No lugar de um amor que não exige nada em troca, no lugar de acolhimento, nutrição, proteção, interesse e atenção, vivenciados no complexo materno originalmente positivo, existe a sensação da solidão, da exposição, a sensação de não receber o suficiente para viver, mas de receber demais para morrer.

"Sem direito de existir"
Helma

Uma mulher de 44 anos de idade – eu a chamarei de Helma – é acadêmica e trabalha numa profissão assistencial. Ela tem oito irmãos e é a segunda mais velha. Ela descreve a atmosfera em casa da seguinte maneira – trata-se da atmosfera de um complexo materno originalmente negativo: "Era uma atmosfera igual a uma estação ferroviária, e era assim que me sentia. Muitas pessoas ficam correndo para lá e para cá, todas estão sozinhas. Venta, e o vento é gelado, todos sentem frio. Eu estava sempre resfriada, tinha dor de barriga. Quando acordava de manhã, eu não conseguia abrir os olhos, era preciso lavá-los com chá de camomila para que eu pudesse abri-los. Todos engolem a comida, há pouca comida, comida ruim. O pai passa o maior tempo viajando a trabalho; às vezes, fica fora por semanas. Eu quero acompanhá-lo, tenho certeza de que ele vai embora porque estar em casa é terrível. A partir das seis da tarde, as crianças são trancadas num quarto. Eu me lembro de pinicos cheios. As nádegas ficam molhadas quando nos sentamos neles. Passávamos horas fazendo buracos nas paredes acima das camas. Brigávamos muito, nós irmãos. Era muita briga. De alguma forma, lutávamos para sobreviver".

Ela ainda consegue ouvir afirmações complexadas, ela as ouviu desde sua primeira infância: "Não me toque! Vá embora! Deixe os outros em paz! Vou matar você! Eu não esperava outra coisa de você. Você não é filha nossa, eles trocaram você no hospital". Todas elas são afirmações de rejeição.

Quando repete essas afirmações, Helma tem a sensação de se dissolver, a sensação de não poder existir, de não ter o direito de existir. Essas afirmações eram *afirmações-padrão*.

Uma lembrança posterior do tempo de escola: "Eu me apaixonei pela professora, mesmo quando ela era sórdida. Ela escrevia coisas horríveis nos cadernos, como: 'Você poderia ser melhor se quisesse. Dá para ver que você conseguiria ser melhor. É desconcentrada'. Pelo menos, ela nunca me bateu. Mamãe não gostou nada de eu gostar tanto da professora. Ela dizia: 'Você é ingênua demais. As pessoas não lhe dizem o que realmente pensam sobre você'". Quando Helma queria se aproximar mais de uma colega de turma, a mãe dizia: "Você não precisa de amigos, você já tem muitos irmãos e muito trabalho na casa". Desde cedo, a mãe *dava* Helma à sua tia por tempo indeterminado – pelo menos era essa a impressão da criança. Depois de um tempo, ela já não sabia mais qual era o lugar dela. Mais tarde, ela começou a se recusar, ela não queria mais ir para a casa da tia, porque "titio e titia sempre examinavam minha vagina". Ela contou isso para a mãe, que reagiu com a observação: "Isso só pode ser culpa sua, com certeza você vai se tornar uma prostituta". Aos 5 anos de idade, ela sofreu abuso sexual pelo pai. No início, ela gostava quando o pai a mandava entrar na cama com ele, gostava de estar a sós com ele e ser acariciada. E, "de repente, começou a doer", ela se assustou profundamente com o rumo que as coisas estavam tomando. Novamente, Helma tentou conversar sobre isso com a mãe. Esta disse: "Não se fala sobre essas coisas, com certeza você será uma prostituta". Helma descreve a sensação de vida provocada por esse complexo materno originalmente negativo assim: "Eu sempre me sentia como uma pessoa ruim que nem deveria existir. Emocionalmente, eu estava totalmente à mercê da vida, era impotente, estava totalmente sozinha. Eu não podia construir relacionamentos com pessoas fora da família, apesar de querer muito fazer isso. E quando eu desobedecia e iniciava um relacionamento com alguém, mamãe difamava aquela pessoa".

Enquanto o complexo materno originalmente positivo transmite uma confiança primordial e uma sensação de vida de um direito natural de existir (e talvez até mais), o complexo materno originalmente negativo gera uma desconfiança primordial e, vinculado a ela, um medo de viver e o sentimento insuperável de não ter o direito de existir. Helma diz: "Eu não entendia isso como desconfiança primordial quando era criança, eu simplesmente acreditava que a vida era assim –

desgastante, fria e que sempre seria assim. E que eu sempre seria uma pessoa ruim de alguma forma". Isso nada mais é do que a descrição vivencial da desconfiança primordial, de uma falta de esperança e do sentimento de não ter o direito de existir. No lugar do sentimento de uma possível participação, de pertença à família, que então se transfere também para a vida e dá à criança a sensação de estar inserida numa comunidade, aqui, a prisão com os irmãos e a exclusão do mundo exterior é o sentimento predominante. É evidente que isso não gera sentimentos oceânicos, nenhum sentimento de união, mas a sensação de uma individualização perturbada, de uma solidão temerosa. Sob o ponto de vista da psicologia do desenvolvimento, isso é especialmente crítico, pois a criança se desenvolve essencialmente na identificação com os pais. Nessas famílias, porém, isso se torna impossível; impossível é não só a união, a fusão com outra pessoa, o *nós* também é negado à criança, a vivência da participação nos pais, em aspectos individuais dos pais ou nos pais e irmãos. É uma forma de exclusão permanente, sem que ocorra uma exclusão ativa. Por isso, resta a luta, a rivalidade. O anseio por um sentimento oceânico, claramente vinculado ao sentimento da participação, é grande e, por causa da cunhagem pelo complexo básico, essa pessoa acredita que precisa lutar por isso. Sentimentos, interações que transmitem os sentimentos oceânicos, não podem ser produzidos, eles ocorrem.

Dedicação no nível físico não existe, somente doenças, resfriados – o que não surpreende nessa atmosfera fria. Além disso, a atmosfera é sexualizada, como se a sexualidade fosse o último baluarte em que o corpo ainda existe. Aos 16 anos de idade, quando Helma começou a menstruar relativamente tarde, a mãe comentou: "Só faltava essa!" Depois, houve problemas frequentes com a menstruação, o que não é raro em mulheres com um complexo materno originalmente negativo.

"O mundo é frio"

Estratégias de sobrevivência

Uma pessoa com um complexo materno originalmente negativo tem certeza de não ser um eu bom e de viver num mundo mau. Seria melhor nem existir. O mundo é como é, portanto, eu sou culpado pela minha miséria. Essa sensação de um sentimento de culpa primário[100] tem raízes profundas. Terapias que trabalham com atribuição de culpa podem, por isso, ser aceitas por essas pessoas, mesmo que a atribuição de culpa seja inadmissível. Quando uma criança tem a impressão de não ter o direito de existir e acredita que a culpa é dela, então – contanto que ainda tenha alguma vitalidade – ela fará de tudo para preservar esse direito de existir. Quais são as estratégias apropriadas para isso?

Helma tinha uma irmã mais velha que sofria de diversas ansiedades. Ela não ousava ir ao encontro de estranhos. Ela controlava o medo por meio de compulsões, principalmente por meio de uma compulsão de acumulação. Ela costumava roubar dos irmãos e soube desenvolver estratégias para se safar com isso às custas dos irmãos. Em torno dessa irmã constelavam-se agressões frequentes. A irmã ajudava a mãe com as crianças pequenas, que nasceram em intervalos muito curtos, e assim obteve seu direito de existir. Ela se casou cedo, teve filhos, não tantos quanto a mãe, e, aos 38 anos de idade, morreu em decorrência de um câncer. A primogênita

---

100. Neumann, 1963, p. 95s., 145.

era marcada pelo sentimento de medo e da defesa contra o medo. Helma, a segunda filha, vivia de forma contrafóbica. Ela se comportava como se não temesse nem mesmo o diabo. Isso também é uma forma de conviver e de lidar com o medo: a pessoa tem medo, mas se comporta de modo ousado para assim encobrir o medo. Mas nós sentimos o medo no corpo, e este não se deixa enganar. Permanecem, a despeito do comportamento externo corajoso, profundas tensões no corpo.

Já cedo, Helma desenvolveu uma independência notável, uma autonomia forçada, mas pragmática. Ela também logo se tornou útil para a mãe: era ela que ia até o cartório para registrar as "crianças novas". Mais tarde, era ela que conversava com os professores sobre seus irmãos, que cuidava de assuntos pendentes no banco e junto às autoridades. Às vezes, assumia o papel do pai. Ainda hoje, ela é muito boa em organizar e tem muitas ideias boas para organizar as questões práticas do dia a dia. Essa autonomia, mesmo que desenvolvida forçosamente, permanece um valor em si, tanto quanto a capacidade de Helma de ser independente. Seria terapeuticamente fatal desvalorizarmos as estratégias de sobrevivência, que podem ser habilidades extraordinárias para dar conta da vida. Se fizéssemos isso, nós as privaríamos de um valor absolutamente central para uma pessoa.

Existem, porém, também na pior das situações de vida, oásis, situações em que uma pessoa consegue viver bem. E são sobretudo as pessoas que não foram mimadas pela vida que conseguem perceber e aproveitar esses pequenos paraísos. Helma me contou que, normalmente, era impossível se aproximar de sua mãe, ela vivia isolada, como que num mundo só dela. Mas quando a mãe tocava piano, toda a atmosfera mudava. "Sempre que ela se sentava ao piano, era como se fosse Natal". A música se tornou um refúgio importante na vida de Helma. Aos 12 anos, ela foi chamada para uma famosa orquestra de jovens, que se apresentava no mundo inteiro. Ela mesma tinha se candidatado quando uma colega lhe contou a respeito. E também aqui a mãe se opôs inicialmente: "Se você faz questão de passar vergonha, vá se apresentar!" Mesmo assim, Helma foi; ela foi aceita e passou a viajar pelo mundo inteiro com a orquestra. "Era, finalmente, um lugar onde eu podia existir, onde eu precisava existir, onde eu era importante." Assim, pela primeira vez na vida, ela vivenciou a sensação de pertença, do direito de existir. Evidentemente, essa situação gerou também uma grande valorização narcisista. Quando os irmãos mais novos também foram aceitos pela orquestra, ela assumiu a função materna. Isso foi demais para ela. Pessoas com um complexo materno originalmente negativo podem demonstrar seu direito de existir também cuidando de outros, de dar aos outros aquilo que elas mesmas nunca receberam. Não é uma estratégia ruim, pois assim o sistema desenvolve um aspecto *maternal*. O perigo é que essas pessoas costumam assumir responsabilidades que vão além de sua capacidade. Elas não desenvolveram uma sensibilidade em relação a si mesmas, não sabem quando chega. E já que precisam merecer seu direito de existir por meio dessa estratégia, mas raramente recebem um *feedback* correspondente, elas se veem obrigadas a fazer ainda mais, acreditando equivocadamente que assim receberão a confirmação do direito de existir. Aos 21 anos de idade, os membros eram obrigados a deixar a orquestra de jovens. Helma obedeceu à regra e ingressou na faculdade – e sofreu um colapso. Sem a orquestra, ela voltou a ser um nada sem identidade. O colapso se manifestou em muitos distúrbios funcionais, em infecções, inflamações dos rins,

Filhas de pai, filhos de mãe

sinusites e diarreias incontroláveis. Ela recebeu tratamento numa clínica psicossomática, fez uma psicoterapia e completou seus estudos. Ela permaneceu contrafóbica a despeito de todas as terapias. Somente aos 40 anos de idade, quando se submeteu a mais uma terapia, ela conseguiu admitir o medo que sentia e como o reconhecimento do medo era importante para a sua identidade. "Desde que tenho medo, sou realmente eu mesma." "Desde que tenho medo, sinto que tenho um corpo." Ela teve que provar a si mesma durante metade de uma vida que ela conseguia sobreviver, até conseguir desistir de suas estratégias de compensação excessiva e adquirir uma nova compreensão de si mesma e de seu devir por meio da infância.

Helma fazia uma distinção nítida entre a sensação de vida antes dos 30 anos, quando fez suas diversas terapias, e a vida depois dos 30, quando tinha um lugar no mundo pelo menos em termos profissionais. Mesmo assim, a sensação predominante em sua vida era a sensação de estar presa: "Durante muito tempo, sempre tive a sensação de estar presa dentro de mim mesma, como uma pessoa que se envolve com uma armadura. E essa armadura é necessária, pois a vida é fria. A vida permanece fria. Eu aceitei isso". Como exemplo, ela acrescenta que foi só aos 42 anos que aprendeu a usar um cobertor extra ou uma bolsa de água quente quando a cama estava fria. Foi uma colega que lhe fez essa sugestão. Ela tem certeza de que é preciso fazer algo pelo amor, mas que, mesmo assim, o amor não vem. "No fundo, nunca fazemos parte." As pessoas cunhadas pelo complexo paterno originalmente positivo também acreditam que precisam fazer algo para receber amor, mas vivem na esperança de recebê-lo. No complexo materno originalmente negativo, as exigências que uma pessoa por ele cunhada faz a si mesma para finalmente merecer amor são extremamente altas e inalcançáveis. Mesmo assim, Helma tentou ser útil para outras pessoas, segundo o lema: "Perdoe-me por existir, posso fazer algo por você?" Ela tinha a impressão de sempre dar muito, mas as pessoas sempre lhe comunicavam que ela "sempre queria demais". No fim das contas, esse tipo de interação não pode funcionar: as pessoas que recebiam seu cuidado percebiam que não se tratava delas; o direito de existir que ela queria receber não pode vir de fora.

Até os trinta e poucos anos de idade, Helma não tinha nenhuma relação com seu corpo, mas sempre se vestia de forma muito estética. Ela achava que sua vida e, portanto, também o seu corpo eram tão vergonhosos que ela precisava encobri-los, preferencialmente com roupas bonitas. Helma teve um número extraordinário de experiências sexuais, mas apenas poucos relacionamentos que tivessem durado algum tempo. Como criança que sofreu abuso sexual na infância, ela não fugia dos homens, mas lhes dava o que eles queriam: "Peguem o que querem e depois me deixem em paz!" Além disso, ela acreditava que precisava ter experiências sexuais, caso contrário não seria normal. É possível que as experiências sexuais lhe permitiram vivenciar um pouco do calor que ela tanto ansiava. Talvez ela tenha reagido também ao fato de alguém se interessar por ela. O que lhe dava grande prazer era ter poder sobre os homens, algo do qual ela se conscientizou cada vez mais, o prazer de poder seduzir os homens. Mas ela não conseguia realmente aproveitar o encontro sexual.

Ela ainda é extremamente hábil em sobreviver e compartilha esse conhecimento com outras pessoas. Ela mesma se considera uma pessoa generosa "quando as pessoas são sinceras comigo". A afirmação complexada no sentido mais restrito: "Não acredite que as pessoas estão sendo sinceras com você" ainda é ativa. Helma não consegue dizer o que significa "ser sincero com alguém". Depois de uma terapia prolongada, ela entende a sua afirmação: quando ela consegue perceber e acolher as pessoas e algum vínculo com elas, ela tem a sensação de que elas estão sendo sinceras com ela.

Terceiros descrevem Helma como *desconfiada*. Ela controla o seu ambiente, pergunta o que, exatamente, alguém quis dizer. Ela não se vê como pessoa desconfiada, mas como pessoa realista. Com esse pano de fundo complexado, é compreensível que ela sinta uma grande necessidade de querer controlar as situações. Ela mesma chama isso de realista; visto de fora, isso pode parecer desconfiado. Ela mantém uma grande distância em relação à mãe concreta. Mulheres com um complexo materno originalmente negativo costumam permanecer intimamente vinculadas à mãe, permitem que ela as tiranize – sempre na esperança de receber a bênção da mãe, mesmo que tardiamente. Helma não nutre essa *esperança*.

Como uma mulher com um complexo materno negativo tão difícil e um complexo paterno tão ambivalente consegue viver? Helma desenvolveu uma autonomia forçada e aproveitou ao máximo os pequenos oásis (a música) dentro do âmbito complexado. Foi justamente a independência que ela exigiu de si mesma para provar seu direito de existir, que lhe permitiu moldar alguns anos de sua vida e que lhe abriu perspectivas novas, que lhe deu coragem de viver. Mas quando essa possibilidade de compensação se esgotou, ela não estava suficientemente nutrida para poder se concentrar em outras áreas de sua vida, teve que ser confrontada consigo mesma; fez uma terapia que, provavelmente, a confrontou pela primeira vez com a sua própria biografia e lhe permitiu desenvolver alguma empatia consigo mesma e encontrar elementos de sua personalidade que realmente correspondiam ao seu si-mesmo.

Outro refúgio em sua infância era a literatura. Helma lia muito como criança, apesar do desgosto da mãe: "Não fique lendo o tempo todo, faça algo!" Ela lia biografias com um final feliz, pela via da fantasia, ela buscava esboços de vida bem-sucedidos. Existia, portanto, mesmo que de modo encoberto, a esperança de uma vida bem-sucedida. Desde o início, Helma tinha procurado um lugar no mundo paterno e até conseguiu ampliá-lo em seus estudos. Apesar de ser muito talentosa, ela sempre teve que fazer um "grande esforço", caso contrário ela não teria um direito de existir. Pessoas com uma cunhagem de complexo materno originalmente negativo nunca mostram desempenho em nome do desempenho em si, elas sempre usam o desempenho para conquistar um direito de existir.

Mães sobrecarregadas

Como surge um complexo materno negativo

O complexo materno originalmente negativo não depende apenas da interação da criança com a mãe pessoal, mas de todo o campo materno. Mães que não queriam ter filhos e que não conseguem aceitá-los nem posteriormente não permitem que a criança tenha uma boa interação com ela.

Mais sobrecarregadas – porque o parceiro não assume seu papel ou porque ele menospreza a mãe e seu trabalho relacional – costumam ser pouco sensíveis e empáticas na interação com o filho. Mais sobrecarregadas que percebem a si mesmas, mas não a criança, também têm dificuldades de permitir que a criança se desenvolva de acordo com sua natureza. Mulheres com um complexo materno originalmente negativo que nunca se desligaram dele costumam ter dificuldades de demonstrar um interesse autêntico pela criança. Um complexo materno originalmente negativo surge também quando a educadora e a criança não combinam: existem incompatibilidades genuínas entre pai e filho ou mãe e filho. Quando apenas uma pessoa de referência é acessível numa família, isso é difícil, principalmente quando as interações difíceis se intensificam se intensificando, quando o complexo se torna cada vez mais afetivo e ambas as partes envolvidas se tornam cada vez mais incompatíveis. É preciso lembrar também como a sociedade ainda impede que a mulher encontre a sua identidade. Quando ela se torna mãe, espera-se que ela tenha encontrado uma identidade segura como mãe e ocupe esse campo feminino positivamente de um instante para o outro. Uma mulher com um complexo materno suficientemente positivo consegue fazer isso. Mas é preocupante que, num sistema social, a mulher é sempre desvalorizada sorrateiramente ao mesmo tempo em que esse mesmo sistema espera que ela encontre sua identidade plena repentinamente como mãe idealizada.

"Como que paralisado"
O complexo materno originalmente negativo no homem

Visto que a maioria dos homens com essa cunhagem de complexo foge para o mundo do trabalho, que, na nossa sociedade, ainda é um mundo patriarcal, no qual eles se empenham e se empenham excessivamente, os homens têm uma facilidade maior de lidar com essa cunhagem de complexo, por mais difícil que ela seja, principalmente quando o homem é talentoso e consegue alcançar seu sucesso no mundo patriarcal. Mulheres com essa cunhagem de complexo precisam superar uma grave problemática de identidade. Quando fogem para o mundo patriarcal de modo bem-sucedido, elas correm um perigo ainda maior, pois desenvolvem uma identidade deduzida desse mundo. Mulheres com menos sucesso no mundo patriarcal são forçadas a confrontar seu problema de identidade.

Dor de barriga e cardiofobia
Helmut

Helmut, um homem de 46 anos de idade, procurou uma terapia por causa de sintomas cardiofóbicos. Ele se lembra de uma imagem de sua vida, a imagem de uma experiência que ele acredita ter feito repetidas vezes: a mãe olha pela janela e chora. Está nevando. Helmut acha que ele quebrou algo e é o culpado pelas lágrimas da mãe. (Por isso?) não consegue ir até ela e consolá-la. Está como que paralisado. Ele fez essa experiência várias vezes, acredita que vivenciou essa experiência conscientemente pela primeira vez aos 3 ou 4 anos. Mais tarde, conta ele, teria sentido de forma ainda mais nítida que deveria dizer algo à mãe ou, talvez, até tocá-la, mas que sempre tinha um sentimento de culpa, cuja causa ele não conseguia identificar, e isso o impediu de se aproximar de sua mãe. Ambos teriam sido muito infelizes.

Outra imagem: "Estou prestes a entrar na primeira série do ensino fundamental, já tenho o corte de cabelos que tenho na foto do meu primeiro dia de aula. Estou com dor de barriga, como sempre, mas dessa vez ela é especialmente forte. A mãe está junto à minha cama e diz: 'Ah, eu queria poder fazer algo, queria poder fazer algo'. Eu também me sinto impotente e, além disso, tenho a impressão de torturar também a minha mãe com a minha dor de barriga. São sentimentos de tortura, de total impotência". Outra imagem: "Fico horas sentado no vaso sanitário. Sei que só posso voltar para brincar com os outros depois de ter feito algo". Os outros o tinham excluído por causa de sua digestão difícil. Ele se sentia só no banheiro, obrigado a "fazer algo", concentrado em sua dor de barriga e no sentimento de não conseguir fazer algo quando alguém mandava. Outra imagem: a irmã está sentada à mesa e não causa problemas, a irmã come com vontade, a irmã sempre está vestida de branco. Ele admirava e amava sua irmã, mas ela sempre era um pouco distante, era três anos mais velha do que ele e não tão problemática quanto ele.

Era proibido perturbar o pai, porque ele trabalhava muito. Helmut não consegue se lembrar de que seu pai tenha dirigido a palavra a ele na sua infância. Ele tinha a impressão de estar sozinho com seus problemas de saúde e sua incapacidade de consolar a mãe; a irmã, como estrela brilhante, mas não muito real, ocupava um lugar às margens de sua existência. O pai era ausente; mais tarde, Helmut ficou sabendo que ele tentava desesperadamente salvar sua pequena empresa à beira da falência. Helmut se lembra de algo que seu pai lhe disse no primeiro dia de aula: "Espero que agora você se estabilize um pouco, você sempre tem algo". Helmut não entendeu a palavra *estabilizar*, mas não tinha a coragem de perguntar ao pai e, assim, algumas semanas depois, perguntou para a sua professora o que a palavra significava. Nas palavras do pai, ele tinha detectado uma crítica, mas também uma esperança, mas já achou surpreendente o fato de o pai ter dirigido a palavra diretamente a ele.

Helmut descreve sua mãe como mulher amorosa, insegura e depressiva, que vivia em função de seus filhos. A irmã de Helmut parece ser uma mulher independente, sem distúrbios psicossomáticos. Mais tarde, a mãe contou para Helmut que, já como bebê, ele teria tido muitos problemas de barriga. Ela consultou médicos, parteiras, ninguém conseguiu encontrar uma solução. Seus problemas digestivos teriam passado a impressão para a mãe de ela não conseguir cuidar do seu filho.

A mãe, "que só vivia em função de seus filhos", ficou cada vez mais perdida em sua interação com o bebê com problemas digestivos. Essa impotência parece acompanhar a depressão, e esta, por sua vez, desperta no garoto a sensação de impotência. Assim, desenvolveu-se um ciclo da impotência, e ambos, mãe e filho, passaram a acreditar que as pessoas não podem ajudar umas às outras e que ambos não conseguem fazer nada quando outra pessoa está passando por dificuldades. Em todo caso, as necessidades de Helmut não foram percebidas, mesmo que a mãe tenha voltado toda a sua atenção para o filho. Ela não lhe passou a impressão, a despeito de sua dor de barriga, de que ele tinha um direito inquestionável de existir. Desde muito cedo ele deveria pagar por isso tentando animar a mãe, que, aparentemente, não podia ser animada. O pai estava absorvido pelo mundo exterior, não havia como recorrer a ele, e mesmo que ele tivesse estado disponível, ainda assim seria necessário esclarecer se ele não estava decepcionado com seu filho "pouco estável". Helmut era um aluno excepcional, mas, mais tarde, seu pai sempre dizia: "Pelo menos você é um bom aluno". Helmut ouvia as palavras *pelo menos* e ficava triste. Ele queria agradar ao pai.

A sensação de sofrimento, que predominou pelo menos nos dez primeiros anos de vida de Helmut, caracteriza ainda hoje seu sentimento de existência: "Desde que consigo me lembrar, sinto uma pontada em algum lugar na barriga. Isso me passa a sensação de que não posso confiar neste mundo, algo sempre dói. Seja isso algo físico ou psíquico, no fundo, isso não importa: simplesmente dói". Como garoto, passou também a culpar-se cada vez mais pela depressão de sua mãe, pensava que tinha decepcionado a mãe. Ainda hoje, conta Helmut, quando encontra pessoas desanimadas e desencorajadas, ele precisa dizer a si mesmo de forma muito consciente que isso não se deve a um erro seu, pelo menos não exclusivamente. Foi só aos 25 anos de idade, quando Helmut se casou com uma mulher que precisou ser internada repetidamente por causa de depressões, que a sua mãe o consolou, dizendo que, quando era uma mulher jovem, ela também sofria de depressões graves, mas que melhoraram ao longo da vida. Se ela – ou seu pai – tivessem dado essa informação para Helmut mais cedo, eles o teriam poupado de muitos sentimentos de fracasso.

Quando criança, Helmut não era visto, apesar de ser observado meticulosamente pela mãe. Helmut ainda tem *como lembranças* as curvas de febre que sua mãe registrou durante três anos. Ele não podia sair assim que uma nuvem aparecia no céu. Isso lhe transmitiu a sensação de não fazer parte das outras crianças. E também a família não lhe dava a sensação de pertença emocional, só a sensação da pertença social. Todos precisavam permanecer unidos; a irmã brincava muito com ele, apesar de preferir brincar com crianças da idade dela. Emocionalmente, porém, os membros da família compartilhavam pouco. Em vez de *sensação oceânica*, Helmut tinha *pontadas na barriga e diarreia*; além disso, mãe e pai tinham ensinado que era preciso ter autocontrole, que controle é importante em cada situação, que é preciso ter *uma linha orientadora*. No entanto, também nesse complexo existem pequenos oásis, pequenos paraísos: Helmut era um aluno excelente, ele gostava de ler livros de aventura e possuía uma imaginação espacial muito apurada: ele fazia construções complexas e se lembra de ter sido admirado pelo avô por causa disso. E existia também o relacionamento com a irmã, ele fazia o que ela desejava dele, a admirava e invejava secretamente.

No entanto, o *paraíso* da escola também não era perfeito: por receber tantos cuidados da mãe, os colegas zombavam dele e, em reação a isso, ele tentou ser um aluno ainda melhor. Ele copiava cada página até não apresentar nenhum erro e entrava em pânico porque o cansaço provocado pelo exercício o levava a cometer mais erros. Helmut mostrava já aqui traços de compulsão. Depois fez a faculdade e teve uma carreira muito bem-sucedida. Ele se casou, como já mencionamos, com uma mulher depressiva – o que só veio à tona mais tarde. Ele tem três filhos com ela, dois filhos e uma filha, com os quais mantém um relacionamento bom e caloroso.

Tudo parecia estar bem. No relacionamento com sua esposa, ele vivenciou que era sim capaz de animá-la de vez em quando, e ela, graças à confiabilidade dele, pôde vivenciar uma segurança e um acolhimento que ela nunca tinha experimentado antes. Em relação à esposa, ele não se sentia tão impotente quanto como garoto em relação à mãe. Mas então ele conheceu uma mulher que lhe deu a entender que ela o achava atraente. Inicialmente, ele reagiu a isso trabalhando ainda mais durante semanas e tentou reprimir as situações de sedução das quais tinha conseguido *fugir com sorte*. No contexto de sua estrutura compulsiva, ele escolheu o mecanismo de defesa de ordem e controle sobre sua vida. Mas isso só funcionou durante alguns meses, as situações de sedução se tornaram mais frequentes, apareceram mais mulheres que demonstraram seu interesse por ele e Helmut passou a ter *fantasias eróticas*. As tentações eróticas, independentemente de quem tenham partido, se tornaram uma ameaça cada vez maior.

Se vermos essas situações de sedução não só como distúrbios, mas também como expressão de um desenvolvimento, como chamada para a vida, então poderíamos vê-las como o despertar de uma nova qualidade da *anima* em sua psique, que ele projeta sobre *mulheres sedutoras*, uma qualidade da *anima* que, a princípio, poderia trazer uma paixão erótico-sexual. Essa *anima* parece ser menos rígida do que a imagem que ele projetava sobre a sua irmã e que, provavelmente, animava também qualidades de vida diferentes das ativadas por sua esposa.

A essas situações de sedução cada vez mais ameaçadoras, ele reagiu com uma doença cardioneurótica vinculada a um grande medo de sofrer um infarto e de morrer em decorrência disso. Esse medo o levou a consultar diferentes médicos.

Ele teve a primeira crise numa manhã de domingo, quando não sabia se deveria ficar com a esposa ou jogar golfe, onde – como ele sabia – esperava *uma das tentações eróticas*. De repente, ele passou a ter palpitações do coração, aperto no peito, falta de ar e começou a suar frio. Teve a sensação de uma parada cardíaca e de morte iminente. Chamaram a ambulância.

Sob o ponto de vista psicodinâmico, o que está por trás dessa doença cardioneurótica é o tema do medo da separação. Helmut nunca se separou de verdade, sua mãe o manteve preso a si mesma por tempo demais, mas não numa simbiose que comunicasse plenitude, mas numa simbiose que exigia o recuo temeroso e um convívio controlador com a ansiedade e que provocou uma projeção daquilo que causava medo sobre o corpo, que precisava sempre ser observado. Essa simbiose de proteção limitadora – não para preservar algo bom, mas para excluir aquilo que assusta e, com isso, o mundo, que assim é declarado perigoso – oferece pouco espaço de ação para um desenvolvimento para a independência.

Além disso, a *imago* materna do complexo materno foi inconscientemente transferida para a esposa; portanto, não ocorreu uma separação verdadeira. Uma tentação erótica é, evidentemente, um evento de separação que gera uma grande incerteza e traz o peso daquilo *que não se faz*. A perda de apoio por meio da vida habitual, quase controlável; é vivenciada como medo da morte, nesse caso, projetado sobre uma possível parada cardíaca. Esse medo da morte tem certo significado, pois se Helmut cedesse a essa tentação, ele mudaria consideravelmente, o Helmut antigo estaria *morto*. Por causa desse medo, um de seus médicos o aconselha a procurar uma terapia para dissolver esse medo.

Helmut passava a impressão de uma pessoa depressiva, que controlava seus surtos depressivos com um comportamento socialmente muito aceitado e muito controlado, quase compulsivo. O que ele ansiava era o complexo materno originalmente positivo. Ele disse: "Posso me esforçar o quanto eu quiser, eu nunca me sinto realmente vivo. A plenitude da vida que quero vivenciar simplesmente não existe".

Desconfiança primordial e medo

Resumo do complexo materno originalmente negativo

O que as pessoas com um complexo materno originalmente negativo têm em comum é que elas têm a impressão de serem um eu ruim num mundo ruim, de não terem um direito inquestionável de existir e de serem os culpados por isso ser assim. Muitas vezes, no relacionamento com a mãe ou com pessoas para as quais podem transferir o seu complexo materno, essas pessoas permanecem num *grude*, mesmo quando não são tratadas como desejariam. Elas perseveram porque, inconscientemente, ainda esperam pela *bênção da mãe*, que a mãe reconheça *seu equívoco de desvalorizá-las*. Essas pessoas também têm a impressão de nunca pertencerem aos dos outros, apesar do grande esforço que fazem para serem indispensáveis. A despeito de seu grande esforço, elas nunca alcançam a sensação de uma pertença inquestionada que elas tanto procuram. Assim, porém, fortalece-se a postura de expectativa correspondente ao seu complexo de sempre serem recusadas e rejeitadas pelos outros, de serem vistas negativamente e de serem maltratadas. Disso, e da convicção de serem um eu isolado, resultam grandes dificuldades relacionais. Em vez de confiança primordial e de uma boa sensação em relação à vida, dominam desconfiança primordial e medo, e o resultado disso é a postura: tudo que pode ser controlado deve ser controlado. Muitas vezes, essa postura de compensação é vista e vivenciada por terceiros como *complexo de poder*, mas é a tentativa desesperada de uma pessoa, que se sente totalmente impotente, de sobreviver. A desconfiança primordial, em combinação com a experiência de, na infância, ter que controlar minuciosamente a situação em casa para poder desviar de todas as situações perigosas ou para poder aproveitar as raras situações favoráveis para o próprio bem, faz com que essas pessoas percebam cada expressão emocional dos próximos, cada mudança emocional, por menor que seja, e a interpretam no sentido do complexo dominante, na maioria das vezes, no sentido de ser recusado, como rejeição e mágoa. A isso elas reagem com grande raiva, que, pelo menos, expõe seu núcleo emocional e mostra onde elas ainda estão vivas, ou também com raiva reprimida, com passividade agressiva. Na maioria das vezes, essas pessoas nunca aprenderam a lidar bem com agressões.

A desconfiança primordial traz também um sentimento de desesperança. No lugar do sentimento da participação inquestionada no mundo, naquilo que o mundo tem a oferecer e nas pessoas, domina aqui a sensação da exclusão, que provoca uma luta implacável por pertencimento. Muitas vezes, a rivalidade é muito desenvolvida, o amor ativo menos, mesmo que essas pessoas exijam um trabalho imenso de si mesmas no âmbito relacional. O anseio pela sensação oceânica, o anseio por uma entrega à vida é grande, mas não é realizável. A convicção de ter que lutar por aquilo que falta – nos casos em que haja uma vitalidade melhor e mais *oásis* dentro da cunhagem do complexo – ou a acusação permanente dirigida ao mundo de que algo está faltando, de que ninguém me trata bem – nos casos em que haja menos vitalidade e menos *oásis* no complexo originalmente negativo – não traz os sentimentos de amor, de aceitação e boa autoestima tão ansiados.

Frequentemente, essas pessoas tentam compensar isso pela via do complexo paterno: tentam obter a autoestima e a sensação de ser amáveis por meio do desempenho. Por meio do desempenho no sentido mais amplo, essas pessoas tentam conquistar seu direito de existir no espaço social.

Nos chamados distúrbios narcisistas podemos sempre encontrar um complexo materno originalmente negativo, juntamente com um complexo paterno pouco pronunciado[101]. Além dos nítidos problemas de autoestima, em combinação com as muitas formas da problemática do medo, o que se destaca também no complexo materno originalmente negativo é a frequência com que os problemas de vida que dele resultam se manifestam no corpo, a frequência com que distúrbios psicossomáticos no sentido mais amplo podem ser encontrados.

Muitas das pessoas com essa cunhagem de complexo precisarão de terapia, principalmente quando não conseguem aceitar e não desvalorizar as coisas boas que a vida lhes traz.

Uma vez que reconheceram o quanto elas se identificam com a imagem materna que não as aceita, o quanto também

---

101. Jacoby, 1985, p. 177ss.

elas podem assumir esse papel em relação a outras pessoas, elas podem combater agressivamente essas tendências destrutivas dentro de si mesmas e podem ser extremamente gratas pela atenção que recebem ou pela riqueza do mundo que conseguem perceber agora. Mas o caminho até lá é longo, e visto que pessoas com essa cunhagem de complexo se sentem primariamente culpadas de um modo difuso, elas têm grandes dificuldades de reconhecer essa identificação problemática, de aceitá-la e combatê-la. Na maioria das vezes, só fazem isso quando conseguem acessar emocionalmente a sua situação difícil da infância, de ter empatia consigo mesmas enquanto uma criança numa situação de vida muito difícil e entender que a culpa não foi delas. Somente então é possível e necessário descobrir onde elas agem e se identificam com a parte materna de seu complexo materno ou onde elas projetam a *imago* materna de seu complexo materno sobre o mundo e as pessoas com que convivem.

Além disso, é extremamente importante, no contexto da terapia, que essas pessoas sejam vistas, que sejam percebidas, que recebam o interesse necessário e que sejam encorajadas a expressar seus sentimentos múltiplos, para assim descobrirem quem elas são e o que elas são capazes de fazer. Imprescindível é também que as estratégias de sobrevivência que elas desenvolveram sejam reconhecidas em seu valor e não sejam compreendidas apenas como compensações. Essa cunhagem de complexo tem a tendência de afetar *tudo*, toda a vida, toda a autopercepção, por isso o reconhecimento dos pequenos *oásis*, o reconhecimento também de outros complexos é muito útil[102].

---

102. Cf. Tb. Kast, 1990, p. 87ss., 196s.

A princípio, a relação com mulheres seria uma possibilidade de vivificar outras imagens femininas na própria psique; mas quando a cunhagem de complexo é forte demais, esse caminho está obstruído, e o paciente só espera coisas ruins de outras mulheres. Se esse caminho está aberto ou quando ele poderá se abrir no futuro depende também quais mulheres na infância permitiram, de que modo outros modelos de interação do que aqueles foram possíveis com a mãe. Relações amigáveis com mulheres permitem que outros modelos do si-mesmo e do mundo sejam vistos como possíveis, mesmo que isso ocorra *apenas* na fantasia, na literatura. Aqui se evidencia que, na psique do ser humano, operam sempre também forças autorreguladoras e que a fantasia e as possibilidades arquetípicas do materno que suporta e apoia exercem um papel na correção de cunhagens de complexos que não deve ser subestimado.

Nessa constelação de complexo é imprescindível que as pessoas não esperem que alguém lhes dê o direito de existir, mas que elas mesmas decidam dar a si mesmas esse direito, visto que elas simplesmente já existem.

"Pisoteado e aniquilado"
O complexo paterno originalmente negativo no homem

O complexo paterno negativo do homem foi excepcionalmente bem descrito por Kafka em sua *Carta ao pai*[103]. Kafka escreveu essa carta, que quero usar para identificar os aspectos típicos do complexo paterno negativo do homem, aos 36 anos de idade, cinco anos antes de sua morte, no auge de sua produção criativa. Essa carta foi escrita depois de mais uma das muitas tentativas fracassadas de Kafka de se casar. Provavelmente, a carta era uma tentativa de se desligar do pai, já que esse desligamento não pôde ocorrer por meio de um casamento.

Franz Kafka

Carta ao pai

> Seja como for, éramos tão diferentes; e nessa diferença tão perigosos um para o outro que, se alguém por acaso quisesse calcular antecipadamente como eu, a criança que se desenvolvia devagar, e você, o homem-feito, se comportariam um com

---

103. Kafka, 1975 (Aqui na tradução de Modesto Carone. São Paulo: Companhia das Letras, 1997.)

Filhas de pai, filhos de mãe

209

> o outro, poderia supor que você simplesmente me esmagaria sob os pés e que não sobraria nada de mim. Ora, isso não aconteceu – o que é vivo não comporta cálculo – mas talvez tenha acontecido algo pior. Aqui, contudo, peço-lhe encarecidamente que não se esqueça de que nem de longe acredito numa culpa da sua parte. Você influiu sobre mim como tinha de influir, só que precisa deixar de considerar como uma maldade especial da minha parte o fato de eu ter sucumbido a essa influência[104].

Esse trecho descreve a atmosfera complexada: essa sensação de vida, de que o garoto poderia ser esmagado a qualquer momento pelo grande pai, ou seja, de depender totalmente dele em seu direito de existir, e de poder ser aniquilado a qualquer momento. O que tinha acontecido de pior? É, provavelmente, uma referência ao fato de que viver com o medo de poder ser esmagado a qualquer momento pode ser pior do que quando o temido realmente ocorre. Mas antes de descrever esse *pior*, o pai é apaziguado. O filho não quer lhe atribuir a culpa por esse destino, mas quer, pelo menos, também ser inocentado e liberado da culpa. "Éramos tão diferentes..." – um pensamento reconciliador para uma experiência tão dolorosa.

Então Kafka descreve algo que poderíamos chamar de lembrança complexada:

> De imediato eu só me recordo de um incidente dos primeiros anos. Talvez você também se lembre dele. Uma noite eu choramingava sem parar pedindo água, com certeza não de sede, mas provavelmente em parte para aborrecer, em parte para

---

104. Ibid., p. 9.

me distrair. Depois que algumas ameaças severas não tinham adiantado, você me tirou da cama, me levou para a *pawlatsche* e me deixou ali sozinho, por um momento, de camisola de dormir, diante da porta fechada. Não quero dizer que isso não estava certo, talvez então não fosse realmente possível conseguir o sossego noturno de outra maneira; mas quero caracterizar com isso seus recursos educativos e os efeitos que eles tiveram sobre mim. Sem dúvida, a partir daquele momento eu me tornei obediente, mas fiquei internamente lesado. Segundo a minha índole, nunca pude relacionar direito a naturalidade daquele ato inconsequente de pedir água com o terror extraordinário de ser arrastado para fora. Anos depois eu ainda sofria com a torturante ideia de que o homem gigantesco, meu pai, a última instância, podia vir quase sem motivo me tirar da cama à noite para me levar à *pawlatsche* e de que eu era para ele, portanto, um nada dessa espécie.

Na época isso foi só um pequeno começo, mas esse sentimento de nulidade que frequentemente me domina (aliás, visto de outro ângulo, um sentimento nobre e fecundo) deriva, por caminhos complexos, da sua influência. Eu teria precisado de um pouco de estímulo, de um pouco de amabilidade, de um pouco de abertura para o meu caminho, mas ao invés disso você o obstruiu, certamente com a boa intenção de que eu devia seguir outro. Mas para isso eu não tinha condições[105].

Essa lembrança, que possivelmente representa também outras experiências que Kafka teve com seu pai, retrata um

---

105. Ibid., p. 11.

aspecto essencial de seu complexo paterno. O garoto, que ousa perturbar o descanso noturno do pai e, assim, chamar atenção para a sua pessoa e suas necessidades, é expulso pelo pai, de camisola, banido. Uma expressão inofensiva de vida própria provoca, portanto, seu afastamento, a expulsão do círculo dos membros da família. A criança não consegue estabelecer um vínculo entre os dois eventos, a reação exagerada do pai se apresenta ao menino como algo aleatório. A consequência: o pai é vivenciado como última instância, que tem o poder de transformar a criança num *nada* a qualquer momento, de destruí-la – ou, no mínimo, de expô-la a uma vergonha profunda. Kafka descreve nitidamente também como essa experiência constelada voltou a se constelar sempre de novo ao longo dos anos e, provavelmente, se transferiu também para o *paterno*, também para a instância última como deus-pai: sempre de novo ele luta com a ideia de que, *quase sem motivo*, essa última instância pode surgir do nada e expulsá-lo, expô-lo à solidão e à vergonha, à sensação da nulidade. Depois dessa lembrança complexada, Kafka formula o que ele deveria ter recebido: encorajamento, amabilidade, uma ajuda para abrir o caminho. Mas valiam as leis da última instância, as leis do pai.

Um aspecto essencial do complexo paterno negativo do filho é que as leis do pai valem, e, quando elas valem, as leis do filho não valem. Quando o filho não pode se rebelar contra isso – e, caso o faça, ele perde a bênção do pai – ele cai no extremo dos sentimentos de nulidade. Estes estão ligados a culpa e vergonha. Esse castigo repetido deve estar ligado a uma culpa que a vítima ignora e que, por isso, é ainda mais atormentadora. Disso resulta a tentativa fútil – mas que não é reconhecida em sua futilidade – de fazer jus à última instância, e a pessoa se torna manipulável. Quando as "últimas instâncias" – e essa última instância castigadora pode facilmente ser transferida para diferentes figuras de autoridade – conseguem expulsar o filho, este se sente destruído e envergonhado. Além disso, outra experiência esmagadora de Kafka foi que as leis que o pai estabelecia para ele não valiam para o próprio pai.

Não era permitido partir os ossos com os dentes, mas você podia. O principal era que se cortasse o pão direito, mas o fato de que você o fizesse com uma faca pingando molho era indiferente. Era preciso prestar atenção para que não caíssem restos de comida no chão, no final a maioria deles ficava embaixo de você. À mesa não era permitido se ocupar de outra coisa a não ser da refeição, mas você polia e cortava as unhas, apontava lápis, limpava os ouvidos com o palito dos dentes. Por favor, pai, entenda-me bem, esses pormenores teriam sido em si mesmos totalmente insignificantes, eles só me oprimiam porque você, o homem tão imensamente decisivo, não atendia aos mesmos mandamentos que me impunha. Com isso o mundo se dividia para mim em três partes: uma onde eu, o escravo, vivia sob leis que tinham sido inventadas só para mim e às quais, além disso, não sabia por que, nunca podia corresponder plenamente; depois, um segundo mundo, infinitamente distante do meu, no qual você vivia, ocupado em governar, dar ordens e irritar-se com o seu não cumprimento; e finalmente um terceiro mundo, onde as outras pessoas viviam felizes e livres de ordens e de obediência[106].

---

106. Ibid., p. 17s.

Filhas de pai, filhos de mãe

O pai é vivenciado como medida de todas as coisas, que inventa leis exclusivamente para o filho, elevando assim o filho para um nível de singularidade que, porém, lhe custa muito, pois o filho, escravo dessas leis, jamais consegue cumpri-las. Isso lança o filho na solidão, num mundo diferente do mundo do pai e o convence de não poder satisfazer às exigências do pai e do mundo dos pais. Pelo menos, sobrevive ainda a fantasia da possível existência de pessoas livres, fora do alcance de ordens e obediência.

Um segundo aspecto do complexo paterno negativo do filho consiste no fato de que o filho não é encorajado a seguir seu próprio caminho, mas a trilhar o caminho que o pai previu para ele. Quando o pai reconhece a natureza de seu filho, isso não precisa ser tão fatídico. Mas quanto mais o pai só tem olhos para si mesmo, quanto menos consegue enxergar seu filho, mais fatais são as consequências dessa aparente *preocupação* com o filho.

Um terceiro aspecto do complexo paterno negativo do filho – e este me parece ser a essência dos complexos originalmente negativos – consiste no fato de que o filho não consegue ingressar numa relação do tipo *nós* com o pai, nem no sentido de uma interação bem-sucedida, na qual ambos têm a sensação de que seu convívio gera algo novo, algo que nenhum dos dois conseguiria gerar por conta própria, nem no sentido de uma identificação.

Para isso também existe uma passagem na carta ao pai:

> Era então, em tudo e por tudo, que eu teria precisado de estímulo. Já estava esmagado pela simples materialidade do seu corpo. Lembro-me por exemplo de que muitas vezes nos despíamos juntos numa cabine. Eu magro, fraco, franzino; você

forte, grande, largo. Já na cabine me sentia miserável e na realidade não só diante de você, mas do mundo inteiro, pois para mim você era a medida de todas as coisas. Mas quando saíamos da cabine diante das pessoas, eu na sua mão, um pequeno esqueleto, inseguro, descalço sobre as pranchas de madeira, com medo da água, incapaz de imitar seus movimentos para nadar, que com boa intenção, mas de fato para minha profunda vergonha, você não parava de me mostrar – então nesses momentos eu ficava muito desesperado e todas as minhas más experiências em todas as áreas confluíam em grande estilo[107].

Uma vivência que, normalmente, dá apoio à *experiência do nós*: despir-se juntamente com o pai, andar na multidão segurando a mão do pai. A fisicalidade do adulto com complexos suficientemente positivos não é vivenciada como esmagadora, a criança se identifica mais facilmente com ela, pelo menos no futuro. Mas Kafka se compara com o pai, deveria ser como ele e se sente novamente, totalmente de acordo com a situação complexada predominante, como um *nada*, e os movimentos para nadar que o pai demonstra para o filho, que também poderia ser interpretado como um gesto amável, transformam-se no símbolo da incapacidade do filho. Numa situação em que uma "experiência do nós" teria sido possível, o filho só vivencia distância. Aqui se evidencia também a sobrecarga do filho, que, provavelmente, já foi internalizada pelo filho e é vivenciada por ele como uma expectativa e exigência própria. Isso também é um aspecto típico do complexo paterno originalmente negativo do filho.

---

107. Ibid., p. 12.

Kafka vivencia seu pai como não empático, como *"última instância"* que exerce poder sem qualquer pudor.

> Para mim, sempre foi incompreensível sua total falta de sensibilidade em relação à dor e à vergonha que podia me infligir com palavras e juízos: era como se você não tivesse a menor noção da sua força. Também eu com certeza muitas vezes o magoei com palavras, mas depois sempre o reconheci; isso me doía, mas eu não podia me dominar, refrear a palavra, já me arrependia enquanto a pronunciava. Mas você desfechava sem mais as suas, não se condoía de ninguém, nem durante nem depois, contra você estava-se completamente sem defesa.

O quarto aspecto do complexo paterno originalmente negativo é o tema do filho que não dá conta.

> Eu vivia imerso na vergonha: ou seguia as suas leis, e isso era vergonha porque elas só valiam para mim, ou ficava teimoso, e isso também era vergonha, pois como me permitia ser teimoso diante de você? Ou então não podia obedecer porque, por exemplo, não tinha a sua força, o seu apetite, a sua destreza, embora você exigisse isso de mim como algo natural: esta era com certeza a vergonha maior[108].

Aqui, esse aspecto é representado de modo complexo: de um lado, o filho não dá conta psicologicamente: quando segue as leis, isso é vergonha, porque assim ele se apresenta como alguém que ainda se submete às leis do pai, que não é capaz de estabelecer suas próprias leis. Quando ele se revolta,

---

108. Ibid., p. 18.

que é uma precondição para a autorrealização, isso também é vergonha, porque o pai não permite isso ("Nenhuma palavra de contestação!"[109]). Ele está preso em leis contraditórias, que não lhe permitem encontrar sua própria lei de vida. Além desse dilema psicológico, ocorre ainda outra coisa muito concreta e cotidiana da qual ele não dá conta: não ter a força do pai, não ter o apetite do pai, não ter a habilidade do pai... Essa lista nos permite deduzir que o pai fazia questão de ser superior ao filho e que o filho não conseguia se distanciar dessas exigências risíveis. Isso também é um aspecto típico do complexo paterno originalmente negativo: o filho sempre já deveria estar à altura das autoridades; caso contrário, isso é uma razão para se sentir um nada. Pois somente se fosse igual a essa última instância ele teria a possibilidade de não mais ser vítima dessa instância. Essa tentativa de libertação inconsciente, a tentativa de se tornar igual a essa última instância, que, porém, não traria a liberdade verdadeira, mas pelo menos a possibilidade de se libertar da posição de vítima, gera uma postura fatídica de expectativa excessiva, que tem como resultado que a pessoa que exige demais de si mesma fracassa diante de seus objetivos inalcançáveis e então se sente derrotada mais uma vez. Por trás dessa expectativa excessiva se esconde também o desejo de ser igual ao pai, de produzir uma experiência do tipo *nós* e de receber a bênção do pai. Esse desejo se torna cada vez mais urgente na medida em que o filho tem a sensação de não ser o filho que o pai tinha desejado.

No complexo paterno originalmente negativo, o filho vivencia primeiramente a dominância do pai, que vem acompanhada

---

109. Ibid., p. 20.

Filhas de pai, filhos de mãe

de uma opressão do filho. Isso mina a confiança nas próprias ações do filho. Consequentemente, o filho é impedido de seguir seu próprio caminho, o *pai* ou *um pai* sabe qual é o caminho correto. Mesmo assim não surge um sentimento de *nós*, o filho é essencialmente banido como ser humano e, possivelmente, amarrado ao pai como receptor de ordens. Junta-se a isso a exigência de finalmente agradar ao pai, de ser igual a ele, para assim poder ser aceito. Isso torna o fracasso inevitável. Nessa complexa situação de expectativas exageradas, Kafka emudeceu:

> Sua ameaça: "Nenhuma palavra de contestação!" e as mãos erguidas no ato me acompanharam desde sempre. Na sua presença – quando se trata das suas coisas você é um excelente orador – adquiri um modo de falar entrecortado, gaguejante, para você também isso era demais; finalmente silenciei, a princípio talvez por teimosia, mais tarde porque já não podia pensar nem falar[110].

Refugiar-se no silêncio é uma possibilidade de se salvar pelo menos temporariamente nessa situação impossível, mas é uma postura de superação que resulta num isolamento ainda maior.

Outra possibilidade consistiria em buscar relacionamentos com outras pessoas. Kafka tentou isso, mas isso também foi inviabilizado:

> Bastava que eu tivesse um pouco de interesse por alguém – o que aliás não acontecia com frequência por causa do meu modo de ser – para que você, sem qualquer respeito pelo meu sentimento

---

110. Ibid.

e sem consideração pelo meu julgamento, interviesse logo com insulto, calúnia e humilhação[111].

Aparentemente, não era permitido reconhecer as qualidades de outra pessoa. Possivelmente, isso teria relativizado o pai como medida de todas as coisas, teria também criado as precondições para um desligamento do pai. Faz parte do complexo paterno originalmente negativo que a criança não é liberada para a vida, mesmo que tanta decepção e tanto tormento sejam vivenciados na relação entre pai e filho – ou, talvez, justamente por causa disso.

Numa outra saída, porém, ele se revela perfeitamente como filho de seu pai, adotando, de certa forma, as sombras deste:

> Só para me afirmar um pouco diante de você, em parte também por uma espécie de vingança, logo comecei a observar, colecionar e exagerar pequenos ridículos que notava em você; por exemplo, o modo como se deixava deslumbrar por pessoas na maioria das vezes apenas aparentemente em posição mais elevada, das quais você podia contar coisas sem parar – porventura algum conselheiro imperial ou algo do gênero (por outro lado, esse tipo de coisa me doía, pelo fato de que você, meu pai, acreditava precisar dessas confirmações fúteis do seu valor e se gabar delas). Ou observar a sua predileção por frases indecorosas, de preferência proferidas em voz alta, das quais ria como se tivesse dito alguma coisa particularmente brilhante, quando se tratava apenas de uma pequena e banal indecência (contudo, isso era ao mesmo tempo uma nova manifestação da sua força vital,

---

111. Ibid., p. 15.

Filhas de pai, filhos de mãe   219

que me envergonhava). Naturalmente havia uma grande variedade de observações como essas; eu ficava feliz com elas, pois me davam pretexto para mexerico e diversão; às vezes você percebia e se zangava com isso, tomava-o por maldade, falta de respeito; mas acredite-me, para mim não eram outra coisa senão um meio de resto inoperante de autoconservação, eram gracejos como os que se espalham sobre deuses e reis, gracejos que não só se associavam ao mais profundo respeito, como até faziam parte dele[112].

Semelhante ao pai, que reconhecia claramente as fraquezas de seus próximos, que as designava e as usava para atormentá-los – existem várias passagens na carta ao pai que demonstram isso –, o filho também via claramente os problemas do pai, sua necessidade narcisista, que o levava a idealizar os superiores; sua necessidade de citar *frases indecorosas*, provavelmente de natureza sexual. Reconhecer e designar as fraquezas do pai era uma possibilidade para se distanciar do pai, de não lhe entregar todo o poder sobre a sua própria vida. No entanto, Kafka fala de um "de resto inoperante de autoconservação", pois o pai, a despeito desses lados humanos-demasiadamente humanos, continuava sendo algo como um deus ou um rei. Assim não conseguiram ter uma experiência de *nós* nem mesmo nas fraquezas. Assim, as aparentes *saídas* do ligamento complexado provam ser becos sem saída.

Surge a pergunta de qual era o papel exercido pela mãe no conflito com o pai e o complexo paterno. Visto que se trata de uma carta escrita ao pai, é compreensível que a mãe não apareça com frequência. Ela parece ter sido uma esposa

---

112. Ibid., p. 27.

submissa ao marido que o amava. Ela parecia compensar as durezas do pai com sua suavidade[113].

> Se eu queria fugir de você, tinha também de fugir da família, até de minha mãe. Na realidade sempre era possível encontrar nela proteção, mas só em relação a você. Ela o amava demais e lhe dedicava demasiada fidelidade para que, na luta do filho, pudesse ter por muito tempo um poder espiritual autônomo[114].

Já que a mãe não era uma pessoa independente, ou seja, demonstrava também com seu exemplo que era melhor ser uma parte do marido, o filho não encontrou nela uma ajuda verdadeira. Pelo contrário:

> Inconscientemente ela exercia o papel de isca na caça. Se em alguma hipótese improvável sua educação tivesse me tornado independente, ao engendrar obstinação, antipatia ou até mesmo ódio – então minha mãe iria restabelecer o equilíbrio pela bondade, pelo discurso sensato (na confusão da infância ela era o protótipo da razão), pelos rogos, e eu me veria trazido novamente de volta à sua órbita, da qual em outro caso talvez tivesse me evadido para vantagem sua e minha[115].

O que chama atenção é a imagem, que Kafka evoca aqui: a mãe como isca de caça, ele a presa que é atraída pela mãe na direção do pai. O filho como o perseguido, para o qual não existe libertação. A sugestão, porém, de que, sem a presença da mãe mansa e equilibradora, o filho teria se desligado mais

---

113. Ibid., p. 36.
114. Ibid., p. 35.
115. Ibid., p. 28.

Filhas de pai, filhos de mãe

facilmente do pai me parece altamente hipotética. No entanto, isso em nada altera o fato de que o filho se sentiu preso numa armadilha. Aparentemente, um confronto direto com o pai não era possível.

> Entre nós não houve propriamente uma luta; fui logo liquidado; o que restou foi fuga, amargura, luto, luta interior[116].

Preso na autodesvalorização

A dificuldade de se desligar desse complexo

Um *oásis*, importante dentro desse complexo que tanto determinava sua vida, era a escrita.

> Com a sua antipatia você atingiu, de modo mais certeiro, a minha atividade de escritor e as coisas relacionadas com ela, que lhe eram desconhecidas. Aqui de fato eu me havia distanciado com certa autonomia, embora lembrasse um pouco a minhoca que, esmagada por um pé na parte de trás, se liberta com a parte dianteira e se arrasta para o lado. De certa maneira eu estava em segurança, havia um sopro de alívio, a aversão que naturalmente você logo teve pelo que eu escrevia foi neste ponto excepcionalmente bem-vinda. É fato que minha vaidade e minha ambição sofriam com a acolhida que dava aos meus livros, famosa entre nós: "Ponha em cima do criado-mudo!" (em geral você estava jogando baralho quando chegava um livro), mas no fundo eu me sentia bem com isso, não só por uma maldade que se insurgia, não só

---

116. Ibid., p. 39.

por júbilo com uma nova confirmação do modo como eu concebia a nossa relação, mas sim porque, bem na sua origem, aquela fórmula soava para mim mais ou menos como: "Agora você está livre!" Tratava-se, é claro, de um engano: nem eu era livre nem, no melhor dos casos, ainda não o era. Meus escritos tratavam de você, neles eu expunha as queixas que não podia fazer no seu peito. Eram uma despedida intencionalmente prolongada de você; só que ela, apesar de imposta por você, corria na direção definida por mim[117].

O fato de Kafka ter definido a direção de seu desligamento por meio de sua escrita conferiu a esta uma importância muito maior para a conquista da autonomia do que sugere a imagem da minhoca. A escrita era uma área não ocupada pelo pai, na qual, portanto, existia uma liberdade relativa para o filho moldar a sua vida. O fato de que o conteúdo de sua escrita girava em torno daquilo que o pai tinha cunhado, em torno do mundo do complexo paterno e também em torno do pai arquetípico, não é argumento contra o desligamento por meio da escrita; a pergunta é se um processo de desligamento pode ser identificado na obra de Kafka. É psicologicamente compreensível que ele se viu obrigado a escrever no âmbito desse complexo que dominava sua vida e não significa que ele não era capaz de descrever também experiências gerais e essenciais com o complexo paterno. Kafka demonstra o quanto certa coloração do complexo, principalmente quando ela é unilateral, aguça a sensibilidade para expressões dessa cunhagem de complexo no dia a dia da sociedade. No entanto, evidencia-se também aqui mais uma vez o quanto Kafka tinha internaliza-

---

117. Ibid., p. 50s.

do a parte do pai de seu complexo paterno originalmente negativo: de um lado, fazia julgamentos sobre sua escrita exatamente como o seu pai os teria feito. Ele a desvalorizava. De outro lado, ele parecia conhecer o valor da escrita para si mesmo, também na vontade de persistir diante do paterno. Portanto, ele poderia – pelo menos visto de fora – ter vivenciado ambos os polos do complexo paterno. No entanto, ele só estava ciente da parte da minhoca, mas que, graças à criatividade, conseguiu se refugiar num lugar seguro. Mesmo assim, ele não conseguiu se alegrar com seu sucesso sem a bênção do pai.

> Minha autoavaliação era muito mais dependente de você do que de qualquer outra coisa, por exemplo de um êxito externo[118].

Kafka tentou desesperadamente se *libertar* desse complexo paterno que o dominava. A escrita não bastava, ele não recebeu a bênção do pai para ela. Então ele tentou obtê-la através do casamento:

> O casamento é certamente a garantia da mais nítida autolibertação e independência. Eu teria uma família, o máximo que na minha opinião se pode alcançar, ou seja: também o máximo que você alcançou; eu seria igual a você, a velha e eternamente nova vergonha seria apenas uma história. [...] O casamento é sem dúvida o que há de maior, e confere a autonomia mais honrosa; mas também está, ao mesmo tempo, na mais estreita vinculação com você. [...] Assim como somos, porém, o casamento me está vedado pelo fato de que ele é precisamente o seu domínio mais próprio[119].

---

118. Ibid., p. 54.
119. Ibid., p. 66s.

Esses planos de casamento fracassam, estão fadados a fracassar, pois o objetivo do casamento não pode ser mostrar-se à altura do pai e encaminhar um possível desligamento dele. No fundo, o fascínio pela mulher seria sim uma possibilidade de vivenciar lados em si mesmo que não estejam ocupados pelo complexo paterno. Nesse sistema tão patriarcal, o desafio seria realmente reconhecer o valor do feminino e integrá-lo. Em seu posfácio à *Carta ao pai*, Emrich resume perfeitamente a problemática principal:

"O 'eu' absoluto, masculino e fundador de verdade de Kafka não reconhece na amante um 'eu' absoluto, feminino e fundador de verdade. Por isso, não pode nascer um amor capaz de romper o ciclo vicioso de dominar e ser dominado, de inferioridade e superioridade..."[120].

Nesse sistema de complexo paterno, a mulher não tem um lugar apropriado. Amor não é possível nesse sistema. Emrich acredita também que, nessa carta, Kafka não descreve seu problema com o pai, mas que seu objetivo é mostrar um mundo patriarcal, isto é, o fim de um mundo patriarcal. O deus-pai é apresentado em sua função daquilo que oprime tudo, os filhos se sacrificam em uma grandiosa consciência de culpa, sem que o sacrifício trouxesse qualquer benefício, a unidade de pai e filho poderia ser compreendida como uma unidade absoluta, mas que não pode ser alcançada. E as mulheres também não servem para produzir essa unidade. Naturalmente, essa carta pode ser compreendida também dessa forma. O complexo paterno originalmente negativo, que Kafka teve com certeza quase absoluta, tem suas correspondências num mundo patriarcal. Aquilo que era tão destrutivo na vida do indivíduo é destrutivo

---

120. Emrich; apud Kafka, 1975, p. 75s.

também em sistemas fundamentados em dominância e opressão. Uma pessoa que sofre tanto com um complexo pessoal e que, de outro lado, é tão criativa, jamais descreverá apenas os aspectos pessoais do complexo, mas o descreverá também em seu significado para a vida social e cultural.

Evidentemente, é possível ler essa carta num nível coletivo e menos como o drama pessoal de Kafka, mas como um drama de filhos e pais que se entendem como deuses e, por isso, anulam os seus filhos, já que, aparentemente, só conseguem sustentar sua autoestima com grandes dificuldades. Mesmo assim acredito que podemos entender esse texto também como descrição interior de um complexo paterno originalmente negativo com todas as suas consequências.

É claro que podemos nos perguntar por que Kafka não conseguiu se emancipar um pouco mais de seu complexo paterno. A carta, do início ao fim, é marcada por uma fome de reconhecimento pelo pai, pela fome de amor do pai. Ele queria conquistar a bênção do pai, não conseguia aceitar que devia viver sem essa bênção. Possivelmente, essa fixação no complexo paterno está vinculada ao fato de que os dois realmente queriam se amar, mas que, em virtude da grande diferença entre os dois, eles não conseguiram fazer isso. Kafka tentou trilhar caminhos para sair dessa situação complexada; sobretudo a criatividade teria sido um caminho excelente se Kafka não tivesse sido obrigado a desvalorizar sua própria ação em virtude de seu complexo. Essa identificação com o papel do juiz dentro de si mesmo, com a última instância, faz com que cada caminho viável seja desvalorizado de antemão. Nesse caso, só um convívio amoroso consigo mesmo poderia ajudar. Possivelmente, a mãe poderia ter servido como um exemplo. Nesse sistema, porém, ela era considerada como irrelevante, de modo que aquilo que vinha dela era submetido à desvalorização.

Os aspectos principais do complexo paterno originalmente negativo do homem

1) O pai, os pais são vistos como representantes de uma lei válida. A despeito de todo esforço, os filhos não passam de um nada. Existe uma relação de dominação/súdito, não uma relação solidária de um *nós*. A participação é negada, predomina a sensação de ser manipulado por poderosos, de ser um escravo. Facilmente o filho desenvolve ideias de perseguição.

2) O fascínio do caminho próprio é proibido. O pai ou os pais determinam o caminho. Fantasias que se ocupam com o caminho próprio são indesejadas. Exige-se uma adaptação. Esta, porém, nunca é suficiente.

3) O filho precisaria estar à altura do pai. Este se encontra numa situação implícita de rivalidade com o filho. O filho não recebe impulsos nem encorajamento, mas é questionado por ainda não conseguir fazer algo. Alegria pelo desempenho é impossível, pois o filho está sempre aquém das exigências feitas a ele. Aparentemente, o pai oferece participação no nível do desempenho que lhe é negada no nível emocional. Mas isso é uma ilusão, uma enganação. Essa participação não pode ser conquistada porque o filho jamais poderá cumprir as exigências do pai; ele se sente culpado e envergonhado. Mesmo que cumprisse as exigências do pai ou mesmo que as superasse, ele não receberia o reconhecimento, o pai logo lhe daria a próxima tarefa impossível de ser cumprida.

4) O sentimento predominante dessa constelação de complexos são os sentimentos de culpa e vergonha, juntamente

com sentimentos de nulidade. Muitas vezes, estes resultam numa falta de palavras, num emudecimento, acompanhado de desejos de vingança e destruição. Numa forma progressiva, o filho tenta ser igual ao pai para finalmente superar esses sentimentos de culpa e vergonha. Isso impossibilita qualquer saída dessa situação, pois o filho luta pelo reconhecimento de uma pessoa que ele nunca receberá ou não na forma em que esse reconhecimento é desejado. Enquanto lutamos pelo reconhecimento da mãe ou do pai, nós permanecemos sob seu feitiço. O filho deveria sacrificar não o próprio significado nem a própria vida, mas a necessidade de aceitação pelo pai. Ele mesmo deveria conceder a si mesmo o direito de existir.

Homens com um complexo paterno originalmente negativo têm uma grande necessidade de reconhecimento por outros homens. Quando recebem esse reconhecimento, eles desconfiam dele, o reconhecimento é desvalorizado. A rivalidade a qualquer preço também faz parte do complexo paterno originalmente negativo e é, além disso, um indício de que o filho ainda não foi completamente destruído em sua autoestima, mas que também não foi estimulado nela. Essa rivalidade é vivenciada como muito dolorosa, pois no fundo de sua alma ele sabe que deve ser derrotado e que será derrotado. De um lado, isso se deve ao fato de que a instância crítica do pai do complexo já foi internalizada e se tornou parte inconsciente do complexo do eu; de outro, essas pessoas não podem ganhar, pois se ganhassem elas perderiam a bênção do pai que tanto esperam receber. A maneira exigente com que elas tratam a si mesmas, a autocrítica e a autodesvalorização implacável é um comportamento que elas trazem também para os seus relacionamentos. Da mesma forma como são duras e exigentes em relação a si mesmas, elas são duras e exigentes com os próximos. Da mesma forma como não conseguem reconhecer nada daquilo que conquistaram, elas também não reconhecem o desempenho de outras pessoas. A sensação de vida dessas pessoas é um esforço extremo, sem a capacidade de desfrutar de seus sucessos. De alguma forma estão sempre perseguindo um fantasma, a imagem de como deveriam ser (aos olhos do pai) e de como nunca poderão ser. Como em todos os outros complexos dominantes, o desafio é perceber conscientemente os dois polos do complexo em si mesmo. Sobretudo o papel do pai internalizado do complexo paterno deve ser percebido e domado. Afirmações como: "Todos os outros são ótimos, eu sou um nada" devem ser remetidas à origem do complexo e corrigidas, talvez até proibidas.

A busca pelo caminho próprio – sem a bênção do pai – é de suma importância. Essa busca exige o sacrifício do pensamento de ser tão bem-sucedido ou até mais bem-sucedido do que o pai. Quando o filho consegue desistir dessa rivalidade, ele consegue enxergar e *habitar* as regiões da vida que o pai tinha excluído: trata-se sobretudo dos espaços da *anima*.

"No fundo, não presto para nada"
O complexo paterno originalmente negativo na mulher

Dependendo do tipo de pai, o complexo paterno originalmente negativo se manifesta em diferentes áreas da vida da mulher.

"Eu já sei que você nunca conseguirá"
Karin

Karin, uma mulher de 23 anos de idade, trabalha numa posição elevada num banco. Suas qualificações são extraordinárias, ela já pode se orgulhar de uma carreira impressionante. No entanto, está sempre cansada, desanimada e sofre com muitas infecções banais. Seu médico lhe sugeriu uma psicoterapia porque achava que havia algo de errado com sua *defesa*, e a causa disso poderia não ser exclusivamente física. Ela passa a impressão de ser enérgica, sabe o que quer, tem um passo firme, não diz uma palavra desnecessária, mas diz o que precisa dizer. Ela chora facilmente, é um choro atormentado. Seu rosto se distorce, primeiro sem nenhum barulho, depois num tom aflito: é como se o impulso de chorar e a proibição de chorar fossem igualmente fortes. Ela se avalia facilmente:

"No fundo, não presto para nada. Só é uma questão de tempo até alguém descobrir isso. Jamais consigo ativar a determinação necessária para uma posição no topo. Eu só alcanço tudo porque sou mais diligente e dedicada do que os outros. Eu substituo a falta de talento pela diligência e pelo zelo. Em casa, sempre me disseram isso, e é verdade."

Karin exige muito de si mesma. Quando ela não cumpre essas normas e valores, ela é um nada, ela perde sua identidade. Mas mesmo quando ela cumpre as exigências duras, isso não ajuda, pois, na percepção dela, tudo não passa de um equívoco quando outros confirmam que seu desempenho é bom. Em relação a outras pessoas, Karin é muito exigente e dura. Ela critica também o chefe dela duramente. Quando as pessoas em seu ambiente não cumprem as exigências, elas também passam a ser um *nada*, não existem desculpas nem a possibilidade de perdão. Ela tem um olho muito crítico. "Nisso sou totalmente a filha do meu pai." Ela não só tem um olho crítico, toda a sua vida como um todo está sob um olhar crítico. Tudo que ela faz é avaliado criticamente. Existe algo como um olhar absolutamente crítico, ao qual ele deveria resistir: o olhar de Deus, mas não no sentido de um olhar benevolente e bondoso. Ela se sente constantemente culpada e vive sob a impressão de atrair muito mais culpa do que outras pessoas. Ela se lembra de que o pai sempre dizia: "Algumas poucas leis simplesmente devem ser respeitadas; caso contrário, você não é minha filha, mas eu já sei (e aqui ele costumava soltar um suspiro) que você não conseguirá".

Ela tenta desesperadamente satisfazer essas exigências, com a mais profunda convicção de que nunca conseguirá e a esperança desesperada de que talvez consiga.

Há também oásis na vida dela: ela é muito talentosa manualmente, trabalha com argila no tempo livre desde os 18 anos de idade. Uma vez ou outra, ela foi convidada a montar uma exposição com os seus belos objetos idiossincráticos. Quando começa a elaborar uma brochura, ela cancela tudo: suas criações jamais agradariam aos olhos de outras pessoas.

Descreve a si própria como "muito solitária emocionalmente". "Eu não pertenço a ninguém, e nunca pertenci a ninguém." Num desenho de família da sua infância ela desenhou pais e irmãos na frente, atribuindo a cada membro da família um canto da folha, mas desenhou ela própria no verso da página.

Isso deixa muito evidente que ela não faz parte da família, que o princípio de participação não vale para ela. Ela não tem relacionamentos mais íntimos, naturalmente ela mantém contato com algumas de suas colegas, mas ela não tem tempo para "cultivar relações"; de resto, ela acha homens e mulheres de sua idade desinteressantes. Quando vai a um evento social, ela logo fica sozinha. Mesmo no seu local de trabalho ela se sente *excluída*, o que acontece também comigo repetidas vezes na situação terapêutica. Apenas muito mais tarde, no decurso da terapia, ela tomou consciência de quanto ela própria tem uma tendência de excluir as pessoas. No banco, ela era considerada uma autoridade moral intelectual crítica, os seus colegas de trabalho se sentiam "criticados, bastava que eu aparecesse".

"Você nunca será uma mulher de verdade"

O pano de fundo dessa constelação de complexo

A mãe sempre usava esta frase: "Eu não me meto nisso. Quem manda aqui é o pai". Karin é a primogênita, quando ela nasceu, os pais ficaram decepcionados, queriam tanto ter tido um filho herdeiro. Mesmo assim, ela era muito próxima do pai, mesmo quando o filho acabou nascendo mais tarde. O pai insistia em integridade. Aos 6 anos de idade, Karin roubou uma moeda de 20 centavos. Ela já tinha 14 anos, quando o pai continuava insistindo: "Integridade é a coisa mais importante na vida, mas não acho que você consiga". Karin tinha certeza de que ele ainda pensava nos 20 centavos, mas ela nunca perguntou. Para o pai, seu desempenho na escola era muito importante. O fato de ela ter sido uma excelente aluna a ajudou a *manter a posição especial junto ao pai*. O próprio pai não tinha chegado muito longe em sua carreira acadêmica. A despeito de notas excelentes quando ela devia ser transferida para uma escola secundária para alunos avançados, o seu pai insistiu que as notas não eram suficientemente boas e que ela não era uma aluna para aquela escola. Nem o professor conseguiu fazê-lo mudar de ideia. Ela acabou não indo. Na época, ela sentiu que essa decisão era um sinal do quanto o seu pai levava a sério os seus "deveres paternos". Só mais tarde ela desenvolveu ressentimento contra ele. Ela conta: "Ele controlava os deveres de casa, o material de leitura, as amigas, as roupas... Queria tanto ter ouvido que ele tinha orgulho de mim, ainda hoje gostaria de ouvir que tem orgulho de mim, que gosta de mim, não como mulher, mas como consigo 'ser homem na vida profissional'". Mas então ela se lembra que talvez seja impossível seu pai aceitá-la, visto que ela já conseguiu chegar muito mais longe do que ele. Ela se lembra de que ele sempre exigia que ela trouxesse para casa as melhores notas, mas ao mesmo tempo ele sempre dizia que as notas não eram a coisa mais importante na vida. Ela, também, é obrigada a viver sem a bênção do pai.

Ela é capaz de rever o seu desejo de reconhecimento por parte do seu pai; ela poderia viver sem esse reconhecimento se necessário, mas ela não quer mais se sentir constantemente tão pressionada, não quer viver constantemente sob a necessidade de ser reconhecida por alguém. Ela compreendeu que tinha estendido esse anseio por reconhecimento, especialmente na sua vida profissional, a muitas pessoas que poderiam ocupar o lugar do pai. O que ela desejava agora era uma atitude perante a vida de simplesmente poder ser. É típico para uma mulher com esse complexo paterno originalmente negativo que ela pode viver mais facilmente sem o reconhecimento do seu pai, pois existe um aspecto do si-mesmo feminino que o pai não pode cobrir. Se não recebe o reconhecimento do pai, ela não perde a sua identidade; pelo contrário, então ela é obrigada a se conscientizar de sua identidade fora daquilo que foi moldado pelo pai. Quando esse processo começou, ela desenvolveu pela primeira vez uma grande raiva em relação à sua mãe, que a tinha *simplesmente entregado ao pai*. Cada vez mais, cristalizou-se na sua mente a ideia de que a sua mãe tinha tido o primeiro filho para o pai, entregando-o a ele. Assim ela pôde ficar com os outros dois filhos para si mesma. Os dois são muito diferentes dela. Ela também se sente muito diferente da mãe e suspeita que talvez sempre tenham sido muito diferentes. Pouco a pouco – especialmente em sonhos – surgiram imagens de mulheres maternas, com as quais ela se sente segura, com as quais gosta de estar. Ela também acaba se lembrando de experiências com a mãe que mostram que a mãe não a entregou simplesmente ao pai.

O pai de Karin deve ter sido um pai com complexo paterno, em que o cumprimento das obrigações ocupava o primeiro plano. Por conseguinte, é também típico que Karin se tenha concentrado inicialmente tanto no mundo do trabalho. Através do desempenho, ela tentou provar ao pai que ela era uma filha digna, mas foi justamente nessa área que se evidenciou que ela não estava dando conta.

Helen

Uma mulher de 26 anos fala da sua decepção com o pai: "Quando eu tinha cerca de 11 anos de idade, o meu pai disse pela primeira vez que ele não sabia se eu seria capaz de me tornar uma mulher de verdade. Ele continuava dizendo isso. Tentei descobrir o que era uma mulher de verdade para o meu pai. Uma vez ele me mostrou uma mulher bem maquiada, com um corpo lindo e decote grande. Quando eu tinha 13 anos, ele disse que estava na hora de eu desenvolver *formas*, e mais uma vez ele disse que eu certamente não me tornaria uma mulher de verdade. Por isso, tentei vestir algo bonito para agradar ao meu pai. Ele era importante para mim, eu queria agradá-lo, mesmo que não pudesse. Quando meus seios começaram a crescer, também usei um decote grande. Depois ele disse: 'Você vai ser uma prostituta'. Eu poderia ter ficado de cabeça para baixo, eu simplesmente não conseguia agradá-lo. Até os meus 20 anos de idade tentei de tudo para agradá-lo. Simplesmente não conseguia. Hoje eu diria que era culpada se o seduzisse, mas eu também era culpada se não o seduzisse. Tentei então fazer isso também com homens jovens, mas, de alguma forma, sempre tive a sensação de que não se tratava de mim. Depois conheci uma mulher, e com ela aprendi que tipo de mulher eu realmente sou, que facetas tenho como mulher. O que eu ainda não entendo é como eu pude ver o meu pai como o centro da minha vida. A minha mãe é legal, ela também tentou me dizer em várias ocasiões que eu era legal. Mas no fim das contas ela jogava o mesmo jogo: ela também queria agradar ao meu pai e não teve sucesso. Sempre expressar desagrado, isso dá um poder assustador".

O complexo paterno estabelecido por esse pai agia no nível da aparência externa como mulher, no tema de ser uma "mulher de verdade" ou não ser uma mulher de verdade; mas também o medo de ter que se conformar completamente às expectativas de um homem e perder a si mesma sem ganhar nada em troca eram temas que eram centrais para Helen. No âmbito do trabalho, esse complexo paterno não mostrava efeito, mas influenciava claramente a sua relação com parceiros masculinos.

Ambas as mulheres, sem terem sofrido estupro concreto, foram, porém, estupradas no desenvolvimento de seus próprios si-mesmos. O que valia eram as leis do pai, a própria lei da vida da filha; ambas as mulheres tiveram seu caminho traçado para elas pelo pai, não tinham o direito de o escolherem pessoalmente. Ambas trilharam seu caminho com grande incondicionalidade, ainda na esperança de aceitação, da bênção do pai. Helen, que teve um relacionamento melhor com sua mãe, pôde renunciar a esta bênção muito antes do que Karin. Nenhuma das filhas conseguiu estabelecer uma *vivência do nós*. Ambas as filhas são obrigadas a criar um *nós* por meio de seu desempenho, mas a produção desse *nós* é impossível. Isso, porém, não questiona sua verdadeira identidade – a luta implacável pelo reconhecimento faz com que as mulheres percebam em algum momento que deve existir ainda outra forma de vida para elas. O anseio por uma participação real é despertado. Elas sentem que, por meio desses pais, que fazem de tudo para não permitir que as filhas *cresçam*, que elas fiquem maiores do que eles, não poderão satisfazer seu anseio pela sensação oceânica.

Os pais, que claramente negam às filhas a "vivência do nós", fazem com que as filhas busquem um espaço de vida fora desse complexo paterno. Mais problemáticos são aqueles complexos paternos que não são tão explícitos na limitação da autorrealização da filha: nesses casos, a necessidade de desligamento é menor, e isso faz com que essas mulheres assumam facilmente a posição de filha. Elas recebem algum elogio por isso, mas não são levadas a sério de verdade. Além disso, vivem sua vida no esforço de não superar os pais e, mais tarde, os seus maridos. De certa forma, sempre se recolhem um pouco, mas isso significa que sempre pecam um pouco contra si mesmas, sem que essa sensação de vida exija com insistência que elas busquem o próprio si-mesmo com consequência e determinação.

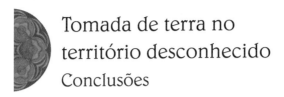

Tomada de terra no território desconhecido
Conclusões

Poucas são as pessoas que foram cunhadas tão unilateralmente por um complexo, ao mesmo tempo em que a outra parte do complexo parental pouco se destaca, como nos casos descritos neste livro. Estas descrições de complexos devem ser vistas como elementos que permitem entender melhor a paisagem complexada de uma pessoa individual. Existem todos os tipos imagináveis de composições de complexo materno e complexo paterno. No entanto, mesmo em pessoas que apresentam uma estrutura de complexo materno e complexo paterno relativamente equilibrada, existem momentos na vida em que – em interações com outras pessoas e com as exigências da vida e da profissão – algumas partes dos complexos são consteladas mais fortemente e se impõem. A pergunta, portanto, não é tanto: eu *tenho* um complexo materno originalmente positivo? e mais: *onde* eu tenho um complexo materno originalmente positivo e quando ele é constelado, e como essa experiência age sobre a vivência do meu si-mesmo e os meus relacionamentos? Ou: quando o complexo paterno se constela na minha vida: qual é o tipo do meu complexo paterno? Sou forçado a reagir de forma complexada, do jeito que sempre reagi, ou posso reagir de outras maneiras?

Quando as pessoas relacionais concretas estão ausentes, elas são substituídas também na formação dos complexos. Estes complexos são cunhados pelas mães e pelos pais sociais apenas primariamente. Quando o pai está ausente, os complexos paternos são cunhados por outras pessoas de referência masculinas. Então apresentam a característica de terem sido adquiridos na interação com diferentes *pais*, o que faz com que o complexo paterno evidencie mais aspectos diferentes; por outro lado, o torna mais suscetível aos aspectos coletivos do complexo paterno, àquilo que determinada sociedade de determinada época considera paterno, e aos aspectos paternos arquetípicos. O desligamento parece-me ser ainda mais difícil nesses casos, pois as afirmações complexadas no sentido mais restrito, que normalmente se manifestam como algo incômodo na nossa vida, praticamente não existem. Essas pessoas acreditam que não precisam se desligar. E, de fato, é muito mais difícil desligar-se de fantasias, muitas vezes inconscientes, do que de pessoas de referência concretas.

No entanto, mesmo que as pessoas que participam dessas cunhagens estejam presentes, existem também muitas fantasias ligadas aos nossos complexos – fantasias pessoais e arquetípicas. Quando refletirmos sobre nossos próprios complexos parentais, perceberemos também que o comportamento da mãe, por exemplo, também apresenta muitos elementos de *complexo paterno*, e então temos que descobrir se ela permaneceu a filha do pai ou se ela se identificava essencialmente com o pai do complexo paterno; se predominava uma fixação no complexo ou só uma ênfase do complexo. Uma fixação no complexo significa que o complexo do eu não se desligou na idade apropriada do complexo paterno ou, possivelmente, apenas em determinadas áreas da vida, de modo que cunhagens

Filhas de pai, filhos de mãe

de complexo inteiras foram repassadas. Mães com fixação no complexo repassam suas próprias experiências complexadas de forma praticamente inalterada – talvez corrigidas apenas pelo espírito do tempo.

Nesse contexto, precisamos levar em conta também que existe algo como *complexos coletivos*, que também exercem uma influência sobre as nossas cunhagens de complexo. Visto que, na nossa sociedade androcêntrica, muitos aspectos pertencentes ao complexo paterno são vivenciados como *normais* ou até mesmo descritos como valiosos, ao mesmo tempo em que os aspectos do complexo materno são vistos como menos importantes e, subliminarmente, são desvalorizados, a nossa estrutura de complexos pessoal é também sitiada por um complexo paterno coletivo que, pelo menos para as mulheres, é um complexo de pai negativo, no sentido de que as mulheres não são incentivadas em seu próprio ser e não são encorajadas a encontrar sua própria identidade. No caso do homem, seria um complexo paterno que lhe permite permanecer na posição de filho e se excluir de um desligamento necessário. A idealização aparente e a desvalorização sorrateira de todos os espaços de vida vinculados ao complexo materno originalmente positivo fazem com que um complexo materno positivo seja sombreado por um complexo de mãe coletivamente desvalorizado. Para as mulheres isso significa que elas sentem facilmente que, embora se aceitem totalmente como mulher em sua vivência e avaliação, elas são constantemente confrontadas com uma corrente coletiva de questionamento da identidade feminina, com uma desvalorização latente da existência como mulher. Hoje existe, como contrarreação a isso, um anseio (capaz de ativar intensamente as mulheres) de determinar essa identidade feminina, de afirmá-la e de reclamar seu valor original.

A disposição de nascer de novo

No contexto dos complexos de materno e paterno pessoais, a necessidade do desligamento apropriado à idade é essencial. Muitos problemas, tanto pessoais quanto no âmbito de relacionamentos pessoais, mas também no âmbito político, estão vinculados ao fato de que os desligamentos necessários não foram efetuados. Eu não estou querendo dizer que seja possível desligar-nos completamente dos complexos materno e paterno, mas é possível buscar o confronto com aqueles aspectos que encontramos repetidos na vida na forma de *dificuldades que sempre se repetem*. É preciso prestar atenção sobretudo à frequência com que nos identificamos com o papel de mãe ou pai dos nossos complexos sem que o *percebamos*. Quando não nos desligamos suficientemente, passamos a nossa vida sempre sob o peso dos mesmos temores e sempre com as mesmas expectativas, que, de alguma forma, não condizem à realidade. Eventualmente, erguemos estruturas de compensação gigantescas, nas quais investimos grande parte da nossa vida e que, no fim das contas, não nos satisfazem. Possivelmente, sentimo-nos até mesmo difusamente culpados, e nos sentimos culpados com todo direito, pois não somos nós mesmos, pois não nos tornamos cada vez mais nós mesmos – num processo contínuo de desenvolvimento – mas, sob a *proteção* dos nossos complexos, permanecemos aqueles que não somos de verdade. Não ser si mesmo na vida parece ser uma culpa enorme – nosso inconsciente costuma reagir a isso. Visto dessa forma, poderíamos compreender todo o processo de vida como um processo de nascimento, como sugere Fromm[121]: cada fase da vida deve ser vista como provisória e temporária, com o objetivo de "nascer antes de morrer".

---

121. Fromm, 1959, § 53, 54.

Essa disposição de nascer sempre de novo seria a disposição de questionar sempre de novo os hábitos resultantes das cunhagens de complexo familiares; mas isso significa também abrir mão de certezas e segurança. É preciso coragem para se distinguir das outras pessoas, é preciso coragem para se separar sempre de novo e se envolver novamente. Nos complexos materno e paterno, a temática do desligamento é sempre também uma problemática de separação, que exige deixar para trás diferentes espaços de vida ou de levá-los consigo em forma alterada. Trata-se de uma tomada de terra em *território desconhecido*, e durante essa tomada de terra só podemos confiar em nossos próprios sentimentos, em nosso próprio raciocínio e nos nossos próprios sonhos e também em nossa capacidade de construir novos relacionamentos com os nossos próximos. Muitas vezes, isso exige uma decisão: de simplesmente confiar nos próprios sentimentos, no próprio raciocínio, mesmo quando não é possível saber se eles são corretos – em todo caso, serão mais corretos e harmoniosos para nós mesmos do que o raciocínio e os sentimentos das outras pessoas.

O objetivo do processo de desligamento seria inserir-se de tal forma na vida que, mesmo que os outros percebam as nossas cunhagens de complexo, aprendemos a sentir nossas próprias afirmações – no lugar das afirmações da mãe e do pai – os nossos próprios sentimentos em determinada situação – no lugar dos sentimentos que resultam dos complexos. Podemos reconhecer estes por, desde sempre, serem fatalmente sempre iguais. O que precisamos aprender é, sobretudo, dizer *eu* de verdade e com seriedade em vez de desaparecer num anonimato que é tão evidentemente a expressão do aspecto coletivo dos complexos.

Então seremos capazes também de ver um *tu* no nosso próximo com o qual podemos nos relacionar, cuja riqueza podemos desfrutar porque não projetamos mais simplesmente aspectos dos nossos complexos e ali os satisfazemos ou ali confirmamos as nossas expectativas negativas.

No nível político, as pessoas que se desligaram suficientemente de seus complexos materno e paterno assumiriam mais responsabilidade própria e não ficariam esperando que as mães e os pais façam algo para criticá-los logo em seguida. Eu imagino que, então, passaríamos a ver os políticos mais numa posição fraternal e como aqueles que, no momento, são responsáveis por organizar e planejar o convívio em grande estilo e que, mais tarde, poderão ser substituídos por outros. E os políticos, se não se identificassem tanto com seus complexos de mãe e pai, também poderiam se ver mais a partir de uma posição fraternal. O desligamento é um processo que exige esforço, e o princípio da responsabilidade que dele resulta também exige esforço: o ganho, porém, é que passamos a ter a sensação de viver nossa própria vida. Isso resulta numa experiência de autenticidade, de autoestima positiva e de uma certeza de sentido. Isso, por sua vez, significa que temos mais energia para viver e que somos pessoas mais interessantes.

O princípio do desempenho – o princípio da participação

Para encerrar, quero abordar o tema ainda sob uma perspectiva coletiva:

Haerlin[122] distingue entre *eu da participação* e *eu do desempenho*, e, para ele, o problema e a infelicidade das pessoas

---

122. Haerlin, 1987, p. 12s.

Filhas de pai, filhos de mãe

de hoje consiste no fato de apostarmos tudo no *eu do desempenho* e nada no *eu da participação*. "No beco sem saída, no qual se vê o nosso sistema de desempenho, desenvolveu-se um anseio pela consciência participativa"[123]. Fazem parte do sistema do desempenho as "atividades praticáveis e o mundo produzido... Ao sistema da participação atribuímos tudo que é dado"[124]. Ele menciona a respiração, o sono, os sonhos. Nosso eu participa disso, isso não pode ser produzido.

O eu participativo possui uma sensação básica do direito de existir e, por meio disso, também o direito de ter parte em tudo no mundo, mas também de se ver como parte de tudo. O mundo é muito grande, para esse eu ele pode ser ampliado até a dimensão transpessoal. O eu da participação seria, portanto, um eu que sabe que é apoiado pelo complexo materno originalmente positivo e, por isso, é capaz de se entregar à *vida*.

Segundo Haerlin[125], o eu que se considera ruim e que, na minha terminologia, é expressão de um complexo materno ou paterno originalmente negativo não sente esse direito de existir. "Quando o ser não é bom, o desempenho deve ser bom"[126].

Assim, a partir da sensação de não ser um eu bom, de não ser um si-mesmo bom, surge uma pessoa que é obrigada a provar sempre de novo, através de seu desempenho, que ela tem um direito de existir. O desempenho resulta então não do prazer de exercer uma atividade, mas resulta de uma coerção interior, e o desempenho precisa ser visível, verificável e comparável ao desempenho de outras pessoas. Ligadas a isso estão também as múltiplas formas de desvalorização do de-

---

123. Ibid., p. 10.
124. Ibid.
125. Ibid., p. 13.
126. Ibid.

sempenho dos outros – pois, no fundo, o que importa não é o desempenho, mas o direito de existir, que parece ser mais legítimo quando o meu desempenho supera o dos outros. Inserem-se aqui também todas as estratégias que as pessoas usam para depreciar o valor dos outros e assim provocar um enfraquecimento da energia de todos. E a conclusão que Haerlin tira disso tudo: "A crise da consciência participativa é a crise do feminino e do mundo percebido pelo feminino. A consciência do desempenho é a história dos sem-mãe, do não feminino"[127].

Em outras palavras, o diagnóstico de Haerlin nos mostra nosso mundo como um mundo com complexo paterno no qual predomina uma insegurança fundamental resultante da desvalorização do mundo caracterizado pelo complexo materno e da exigência de se desligar somente deste mundo. O mundo caracterizado pelo complexo paterno é que nos leva às nossas estratégias de desempenho e sobrecarga, que não permite uma existência humana plena e que, no nível relacional, mas também na nossa relação conosco mesmos e com o nosso mundo, gera um comportamento muito problemático.

Existe um anseio coletivo pelo mundo do complexo materno positivo, pelo mundo da participação, pela *anima*. Esse anseio é perceptível principalmente entre as mulheres. Esse mundo ainda é desvalorizado, é considerado *perigoso, ameaçador, devorador e caótico* – e quaisquer que sejam todas as outras metáforas para o medo vinculado a isso. O mundo do complexo paterno, por sua vez, é caracterizado como libertação, ordem, clareza. Precisamos nos despedir dessas atribuições que, de um lado, fixam os sistemas de dominação

---

127. Ibid., p. 30.

predominantes e, de outro, excluem áreas da vida inteira que são importantes para o bem-estar das pessoas.

Espero ter mostrado que cada cunhagem de complexo abriga em si os seus próprios problemas e suas possibilidades de vida e que o complexo do eu precisa se desligar sempre de novo de cada cunhagem de complexo, o que sempre corresponde a passos de separação e novos passos de envolvimento que precisam ser tomados.

O anseio coletivo pelo complexo materno positivo deve ser levado muito a sério e não deve ser compreendido simplesmente como anseio pelo paraíso, que então precisa ser descartado como ilusão, mas como um anseio por espaços e sentimentos de vida dos mais diversos, que também têm a sua legitimidade e grande importância.

Referências

ALSTON, T.M. Mamas kleines Mädchen. In: *Psyche* 42 (6), 1988, p. 471-501.

BACHMANN, I. Drei Wege zum See (Simultan). In: *Werke*. Vol. 12. Munique, 1978.

BÄCHTOLD-STÄUBLI, H. (org.). *Handwörterbuch des dt. Aberglaubens*. Berlim, 1930.

BERNARDONI, C. & WERDER, V. Erfolg statt Karriere. In: BERNARDONI, C. & WERDER, V. (orgs.). *Ohne Seil und Haken* – Frauen auf dem Weg nach oben. Munique, 1990.

BLOS, P. Freud und der Vaterkomplex. *Journal des PSASeminars*, 5, 1987, p. 39-45.

BOVENSIEPEN, G. Väter – Fragen nach der Identität. In: *Zeitschrift für Analytische Psychologie*, 18 (1), 1987, p. 49-59.

BRÜDER GRIMM. Kinder- und Hausmärchen [org. de H. Rölleke]. Colônia, 1982.

BURKERT, W. *Antike Mysterien*. Munique, 1990.

CHODOROW, N. *Das Erbe der Mütter*. Munique, 1985.

COLMAN, A. & COLMAN, L. *The Father* – Mythology and chancing Roles. Chiron, 1988.

DIECKMANN, H. *Komplexe* – Diagnostik und Therapie in der analytischen Psychologie. Berlim, 1991.

Filhas de pai, filhos de mãe

ENKE, H. Beziehung im Fokus – Die ozeanische Beziehung. In: *Lindauer Texte*. Berlim, 1993.

ERIKSON, E.H. *Identität und Lebenszyklus*. Frankfurt a. M., 1971.

FLAAKE, K. Erst der männliche Blick macht attraktiv. In: *Psychologie Heute*, 11, 1989.

FLAAKE, K. & KING, V. (orgs.). *Weibliche Adoleszenz* – Zur Sozialisation junger Frauen. Frankfurt a. M., 1992.

FREUD, S. *Die Traumdeutung* – Studienausgabe. Vol. II. Frankfurt a. M., 1972.

FROMM, E. Der kreative Mensch (1959). In: *Gesamtausgabe*. Vol. 9. Munique, 1989.

GIDION, H. *Und ich soll immer alles verstehen* – Auf den Spuren von Müttern und Töchtern. Friburgo in Br., 1988.

GIERA-KRAPP, M. Konstellationen des gut-bösen Mutterarchetyps bei der Behandlung früher Störungen. In: *Zeitschrift für Analytische Psychologie*, 19 (1), 1988, p. 26-48.

GILLIGAN, C. *Die andere Stimme* – Lebenskonflikte und Moral der Frau. Munique, 1984.

GRIMAL, P. (org.). *Mythen der Völker*. Frankfurt a. M., 1967.

HAERLIN, P. *Wie von selbst* – Vom Leistungszwang zur Mühelosigkeit. Berlim, 1987.

HAGEMANN-WHITE, C. Berufsfindung und Lebensperspektive in der weiblichen Adoleszenz. In: FLAAKE, K. & KING, V. (orgs.). *Weibliche Adoleszenz* – Zur Sozialisation junger Frauen. Frankfurt a. M., 1992, p. 64-83.

HANCOCK, E. *The Girl Within*. Nova York, 1989.

HÄRTLING, P. (org.). *Die Väter* – Berichte und Geschichten. Frankfurt a. M., 1975.

HILLMANN, J. Verrat. In: *Zeitschrift für Analytische Psychologie*, 10 (2), 1979.

JACOBY, M. *Individuation und Narzissmus* – Psychologie des Selbst bei C.G. Jung und Heinz Kohut. Munique, 1985.

_____. Autorität und Revolte – Der Mythos vom Vatermord. In: *Zeitschrift für Analytische Psychologie*, 6 (4), 1975, p. 524-541.

JUNG, C.G. *Obras Completas*. 20 vol. Org. de L. Jung-Merker, E. Ruf e L. Zander. Olten.

KAFKA, F. Brief an den Vater. In: *Hochzeitsvorbereitungen auf dem Lande und andere Prosa aus dem Nachlass*. Frankfurt a. Main.

KAST, V. *Animus and Anima*: Spiritual growth and Separation from parental complexes. Harvest, 1993, p. 39.

_____. Das kollektive Unbewusste und seine Relevanz für Gegenwartsfragen. In: RHODE-DACHSER, C. (org.). *Beschädigungen* – Psychoanalytische Zeitdiagnosen. Göttingen, 1992.

_____. *Die beste Freundin* – Was Frauen aneinander haben. Stuttgart, 1992.

_____. *Loslassen und sich selber finden* – Die Ablösung von den Kindern. Friburgo/Basileia/Viena, 1991.

_____. *Die Dynamik der Symbole*. Olten, 1990.

_____. Das Paar – Mythos und Wirklichkeit. In: PFLÜGER, M. (org.). *Das Paar* – Mythos und Wirklichkeit. Olten, 1988.

_____. Die Bedeutung der Symbole im therapeutischen Prozess. In: BARZ, H.; KAST, V. & NAGER, F. *Heilung und Wandlung*: C.G. Jung und die Medizin. Zurique, 1986.

_____. *Paare* – Beziehungsphantasien oder Wie Götter sich in Menschen spiegeln. Stuttgart, 1984.

_____. *Trauern* – Phasen und Chancen des psychischen Prozesses. Stuttgart, 1982.

Filhas de pai, filhos de mãe

_____. *Wege auch Angst und Symbiose* – Märchen psychologisch gedeutet. Olten, 1982.

_____. *Das Assoziationsexperiment in der therapeutischen Praxis*. Fellbach, 1980.

KÖNIG, K. *Angst und Persönlichkeit* – Das Konzept und seine Anwendungen vom steuernden Objekt. Göttingen, 1981.

LEONARD, L. *Töchter und Väter* – Heilung einer verletzten Beziehung. Munique, 1985.

LURKER, M. *Wörterbuch der Symbolik*. Stuttgart, 1979.

MAHLER, M.; PINE, F. & BERGMANN, A. *Die psychische Geburt des Menschen* – Symbiose und Individuation. Frankfurt a. M., 1978.

NEUMANN, E. *Das Kind* – Struktur und Dynamik der werdenden Persönlichkeit. Zurique, 1963 (Fellbach, 1980).

NIN, A. *Sanftmut des Zorns* – Was es heisst, Frau zu sein. Frankfurt a. M., 1975.

PAPOUSEK, M. Die Rolle des Vaters in der frühen Kindheit. Ergebnisse der entwicklungsbiologischen Forschung. In: *Kind und Umwelt*, 54.

RHODE-DACHSER, C. *Expedition in den dunklen Kontinent* – Weiblichkeit im Diskurs der Psychoanalyse. Berlim, 1991.

_____. Weiblichkeits-Paradigmen in der Psychoanalyse. In: *Psyche*, 44, 1990.

RIEDEL, I. *Demeters Suche* – Mütter und Töchter. Zurique, 1986.

SAMUELS, A. *The plural Psyche* – Personality, morality and the father. Routledge/Londres/Nova York, 1989.

SCARR, S. *Wenn Mütter arbeiten* – Wie Kinder und Beruf sich verbinden lassen. Munique, 1987.

SHELDRAKE, R. *Das Gedächtnis in der Natur*. Berna, 1990.

STERN, D.N. *Die Lebenserfahrung des Säuglings*. Stuttgart, 1992.

TELLENBACH, H. (org.). *Das Vaterbild in Mythos und Geschichte*. Stuttgart, 1976.

TULVING, E. Episodic and semantic memory. In: TULVING, E. & DONALDSON, W. (orgs.). *Organization of memory*. Nova York, 1972.

VON FRANZ, M.-L. *Der ewige Jüngling*. Munique, 1987.

_____. *The Problem of the Puer Aeternus*. Nova York, 1970.

WALKER, B.G. *The Womans Encyclopedia of myths and secrets*. São Francisco, 1983.

ZEUL, M. Die Bedeutung des Vaters in der weiblichen Entwicklung. In: *Psyche*, 42 (4), 1988, p. 328-349.

Índice analítico

Ação 39
Aceitação 55, 91, 205, 227, 235
Acolhimento 14, 15, 56, 83, 144, 145, 150, 153, 184, 201, 233
Adaptação 25, 226
Admiração 152, 160, 164, 165
Adolescência 14, 15, 16, 17, 18, 23, 25, 26, 31, 151
 masculina 17
Afeto 36, 42
Afirmações complexadas 15, 28, 48, 90, 151, 156, 185, 238, 239
Afrodite 129, 142
Agressão 54, 79, 89, 90, 91, 92, 125, 140, 188, 204
 passiva 79, 89, 204
Alegria 13, 94, 100, 101, 128, 134, 161, 192, 222, 226, 243
Alimentação 54, 58, 71, 83

Alter ego 126
Ambiente 15, 36
Âmbito
 do complexo 42, 48, 56, 59, 130, 163, 193, 170
 do parto 100
Amiga 19, 62, 73
Amigo 23, 24, 34, 73, 75, 110
Amor 14, 29, 46, 60, 62, 64, 91, 142, 153, 169, 174, 184, 191, 204, 224, 225, 226
 maternal 46
 pela mãe 18
Análise
 de sonho 22
 do inconsciente 22
Androcêncrito 22
Androcentrismo 12
Anima 18, 19, 33, 34, 80, 81, 82, 88, 124, 181, 183, 201, 228, 244
Animus 23, 33, 80, 88, 143, 144, 172, 181, 182, 183

Anseio 12, 30, 88, 94, 164,
172, 178, 187, 188,
205, 233, 236, 239,
243, 244
coletivo 244
Anseios paternos 178
Antigo Testamento 178
Área complexada 21, 42
Arquetípico 94, 176
Arquétipo 94, 95
da Grande Mãe 22
do pai 180
Arquétipos 16, 95, 96
do inconsciente 96
Ártemis 129
A sombra 141
Aspecto materno das deusas
29
Aspectos
coletivos do complexo de
pai 238
da sombra 139, 140, 153
do complexo de mãe 19
do si-mesmo 32
Associação 44, 45, 56
Atividade do eu 14, 45, 91,
93, 123
Atmosfera
complexada 11, 48, 57,
64, 158, 167, 171, 209
do complexo de mãe 55,
70, 143

- positivo 87
maternal 56
Autoagressão 89
Autoanálise 20
Autoconfiança 28
Autodeterminação 45
Autoestima 15, 16, 57, 62,
165, 227
Autoimagem 15, 90, 175
idealizada 90
Autonomia 27, 90, 189, 190,
193, 222
Autopercepção 206
Autoridade(s) 150, 152, 159,
160, 167, 169, 175, 180,
181, 216
Autorrealização 45, 216, 236
Autorregulamentação da
psique 96
Avó 53, 54, 59, 67
Avós 84

Banimento 93, 144, 172, 187
Base do complexo do eu 14
Bebê 17, 94, 162, 187
Bem-estar 14, 82
Bernardoni 25
Biografia 38, 44, 182
Blos, P. 17-21
Bovensiepen 179
Bruxa 100, 115, 116, 121,
122, 128, 130, 131

Burkert 100
Busca de identidade 68

Caminho coletivo 16
Campo materno 54, 86, 139,
141, 194
Carência narcisista 219
Cavalos 113, 115-118, 120,
129, 134, 138, 139
Chodorow, N. 68, 69
Ciclo da impotência 198
Ciência patriarcal 21, 179
Coerções 189
Coerência
do complexo do eu 92
do eu 68
Compensação 26, 193, 206,
240
Complexo 9-11, 13, 14, 20,
21, 36, 37, 40, 41, 43-47,
71, 85, 86, 90-93, 102,
139, 155, 164, 166-169,
178, 181, 195, 200,
203, 204, 221, 224,
225, 226, 237-240, 245
de Édipo 20
de filha 28, 29
de filho 28
fraternos 11
materno 9-12, 13, 17-19,
22-28, 30, 32, 33, 46,
49, 50, 54, 55, 58, 61,

62, 64, 65, 67-69, 70,
71, 82, 83-89, 91-93,
102, 103, 122, 125-127,
128-132, 139-142, 144,
145, 146, 151, 158,
171, 173, 181, 184,
185, 186, 187, 190,
191, 192, 194-195, 196,
202, 203, 205, 207,
237-240, 242, 245
- e pai equilibrado 71
- negativo 194, 205
- ou pai 47, 243
- positivo 90, 93, 239
paterno
- atmosfera do 167
- coletivo 239
- do filho 9
- dominante 10, 22, 223
- mundo com 244
- mundo do 222, 244
- negativo 239
- pai com 233
- positivo 20, 26, 144,
146, 147, 150, 151,
158, 159, 162-164, 171,
173, 175, 178, 191
- sistema do 224
parentais 45, 80, 81,
237, 240, 242
do eu 10, 11, 13, 15, 38,
44, 45, 64, 85, 87, 90,

92, 93, 102, 123, 124,
140, 155, 166, 168,
178, 181, 227, 238, 245
negativo paterno do
homem 208, 209
Complexos
coletivos 238, 240
maternos não desligados 97
parentais 23, 31, 92
- coletivos 92
- pessoais 240
Comportamento 10, 20, 32,
37, 40, 42, 47, 48, 58, 59,
64, 159, 172, 189, 203,
227, 238, 244
Compreensão de papéis 24
Compromisso 15
Conceito
da sombra 82
das *representações
interacionais
generalizadas* 39
dos arquétipos de C.G.
Jung 95
Concorrência 17
Confiança 76, 199, 217
primordial 86, 186, 204
Confronto com
a mãe 30
eros e sexualidade 143
o complexo materno
originalmente positivo
130

o pai 19, 219, 220
os pais 16
Conhecimento 23, 45, 168,
174, 192
Consciência 29, 38, 39, 66,
79, 92, 94, 95, 111,
125, 243, 244
coletiva 30, 96
participativa 243, 244
Conscientização 33
Constelação de complexo 21,
25, 38, 39, 58, 66, 80, 83,
93, 102, 153, 154, 164, 165,
172, 181, 207, 226, 232
Constelado 18, 40, 45-47,
60, 183, 188, 211, 237
Conteúdos do inconsciente
43
Conto de fadas 102, 123,
130, 131, 138-141, 142
Contrafóbico 189, 191
Contratransferência 60
Controle 156, 157, 172, 191,
200, 201
Corpo 13, 23, 139, 187,
191, 205
Crença nas autoridades 169
Criança 14, 16, 18, 22, 29,
37, 39-41, 47, 56, 58, 64,
73, 74, 84, 86, 90, 93,
94, 97, 103, 122, 132,
170, 171, 175, 179-182,

186-189, 192-195, 198,
200, 206, 208, 211, 214,
218, 233
Crianças/filhos 15, 28, 45,
54, 55, 69, 72, 73, 74,
76, 84, 90, 143, 154, 158,
175, 188, 194, 198, 201,
205, 233
Criatividade 156, 178, 223,
225
Crise 52, 55, 244
de identidade 16, 22, 24
de reaproximação 34
de vida 20
relacional 52, 159
Criticar e desvalorizar 225
Cronos 177
Culpa 199, 209, 210, 211,
226, 230, 240
Culto
da fertilidade 97
de Méter 98
Cultura patriarcal 12
Cunhagem 10, 46, 48, 49,
67, 140, 149, 160, 170,
187, 238
de complexo 15, 22, 47,
53, 76, 80, 83-88, 91,
130, 139, 144, 153,
165, 175, 181, 196,
204-207, 222, 238-242,
245

do complexo de materno
23, 24, 33, 54, 140, 194

Defesa de medo 189
Deidades de pai e mãe 17
Delegações 31
Delimitação do complexo do
eu 123
Deméter 98, 100
Dependência 92, 167
da mãe 17
Depressão 24, 53, 67, 69,
72, 144, 199
Desconfiança primordial 187,
203, 204
Descrições de complexos 237
Desempenho 26, 173, 194,
196, 205, 226, 232, 235,
242, 243
Desenvolvimento 10, 13, 17,
21, 34, 42, 45, 55, 56,
62, 64, 82, 86, 91, 92,
95, 102, 124, 131, 144,
164, 166, 181, 182,
201, 202, 235, 240, 241
apropriado à idade 90,
181
da identidade 45, 68
Desesperança 186, 204
Desligamento 13, 15, 16,
18, 20, 22, 24, 27, 28,
30, 31, 45, 56, 90, 131,

140, 141, 144, 154, 155, 178, 181, 208, 218, 222, 224, 238, 239, 242

apropriado à idade 13, 14, 56, 154

com complexo paterno 24

da filha 28

da mãe 19, 27

da mulher adolescente 27, 30

das filhas 31

do complexo materno originalmente positivo 62, 85, 102, 131, 181

do homem 22

dos complexos de filhos e filhas 28

dos complexos maternos e paternos 140

Desperto 24

Destino 21, 72, 137, 157, 178

Destruição 227

Desvalorização do feminino 12, 19

Deus masculino 30

Deusa da morte 99, 100

Deusa-mãe Cibele 97

Deusas

do amor 97

do destino 176

e deuses 96

femininas 28, 30, 96, 97

Deuses masculinos 29

Deuses-pais 175-178

Diferenças de gênero 85

Dificuldades relacionais 204

Dimensões da feminilidade 33

Direito de existir 13, 22, 88, 93, 184, 185, 186, 188, 189, 190, 191, 193, 194, 199, 203, 207, 209, 227, 243, 244

Disciplina de trabalho 51

Distúrbio(s)

de ansiedade 92, 93

de identidade 68

de percepção 47

narcisistas 205

psicossomáticos 205

Doença neurocardíaca 202

Dominância

do pai 216

e submissão 224

Elementos estruturais do inconsciente coletivo 96

Emoção 14, 33, 36, 37, 39, 40, 43, 44, 46, 63, 125, 139, 168, 171, 173, 177, 178

Empatia 46, 143, 194, 206

Emrich 224, 225

Encontro da identidade 20, 30

Ênfase de complexo 238
Envelhecer 156
Episódio
   de complexo 40
   generalizado 39, 41
Ereshkigal, deusa do
   submundo 100
Eros e sensualidade 16
Espaço(s)
   da *anima* 228
   da mãe 67, 84
   de complexo 130
   de vida 80, 84, 128, 129, 236
Estereotípico 36, 43
Estilo de vida 9, 15
Estratégia(s)
   de desligamento 45
   de sobrevivência 188
   estereotípica 43, 47
Estrutura 39, 51, 52, 71, 72, 75, 91, 93, 177
   de complexo 67, 85, 237, 238
   relacional 34
Eu
   bom 88, 89, 243
   da participação 242
   do desempenho 89, 242
   forte 10
   isolado 204
Exemplo 30, 62
   de papel 26

Exemplos femininos 30
Exigências do pai 213, 226
Expectativa 18, 27, 28, 37, 38, 40, 64, 96
   complexada 75, 144
   de salvação 17
   generalizada 40, 41
Experiência 40, 41, 42, 51, 77, 86, 101, 153, 176, 182, 197, 204, 209, 212, 222, 237, 242
   do corpo 13
   espiritual 23
Experiências arquetípicas 29
Experimento de associação 44

Faixa etária 15
Fantasia 18, 34, 36-39, 40, 47, 50, 94-97, 153, 194, 207, 213
   arquetípica 94
   de grandeza 91
   masculina 18
Fantasias sexuais 63
Fascínio do amor 182
Fase de desligamento 17, 33
Fator de vitalidade 45
Feminino arquetípico 30
Fertilidade 29, 99, 100, 129, 142
   feminina 99

Figura heroica 20
Figuras
  arquetípicas 19
  femininas arquetípicas 30
Filha 28, 29, 31, 32, 34, 51,
  69, 77-80, 81, 98, 105,
  109, 123, 131, 132,
  138, 139, 143, 144,
  154, 155, 158, 160,
  162, 164, 166, 170,
  171, 175, 201, 233-236,
  240
  de pai 166
Filhinho de mamãe 9
Fils à papa 9
Fisicalidade 86, 214
Fixação complexada 238
Flaake 32
Força do eu 15, 166
Formação de complexo 11
Forma de complexo 11, 49
Formas de socialização 23,
  24, 173
Forno 137, 144
Freud 20, 21
  e o complexo paterno 17,
  20, 22
Fromm, E. 66, 240

Gaia 97, 177
Garoto 20, 68, 90, 100, 104,
  143, 199, 201

Gênese 48, 53, 76
Gestos de poder 144
Grande Mãe 75, 86, 97
Grandiosidade 93

Haerlin, P. 242, 243
Hagemann-White, C. 25
Hancock, E. 25
Hator 100
Hera 177
Herói do conto de fadas 102
Heroína do conto de fadas
  102
História da cultura 176
Homero 176
Horus 100

Idealização 148, 175, 239
  das figuras paternas 14
  do pai 18, 20, 24, 180
  dos homens 173, 174
Ideias de perseguição 226
Identidade
  da mulher 175
  da sombra 127, 140
  de complexo 90
  deduzida 22, 196
  de papéis 26
  do eu apropriada à idade
  90
  feminina 26, 239
  masculina 155

original 22, 25, 30
própria 24, 25, 30, 38,
72, 166, 175
segura 80, 148, 195
Identificação
com a sombra 141
com o complexo materno
originalmente positivo
72
não desligada 38-39
Identificar 19, 30, 68, 90
Ideologia do controle 156
Imagem
da fantasia 40
da mulher 35, 162
de Deus 16
de mãe ou pai 47
de pai 47, 175, 176
- coletiva 175
do complexo 40
- de pai positivo 26
onírica 74
primordial da mãe 95
real 40
Imagens
arquetípicas 29, 38, 95
- do feminino 29
de complexos 10
de mãe arquetípicas 95
de mãe inconscientes 95
femininas inconscientes 33
Imaginação 42, 77

Imago
de pai do complexo
paterno 12
materna do complexo
materno 12, 202
Impotência 197, 198
Incentivo de desenvolvimento
63, 88
Inconsciente 61, 240
Independência 14, 56, 71,
85, 123, 189, 190, 193,
202, 223
Individuação 18, 22, 63,
92, 93
Individualidade 28, 93, 239
Indivíduo 36, 43
Infância 17, 30, 37, 42, 46,
57, 58, 173, 185, 191,
192, 194, 198, 204, 207,
220, 231
Insegurança
de mulheres 32
no papel 32
Inspiração 23, 60
Integração de sombras 140
Intelecto 175
Inteligência 23
Interação 37-43, 79, 84, 95,
168, 187, 192, 194,
195, 198, 207, 213, 238
relacional 36
Interações simbólicas 42

Interpretação de sonhos 20
Intimidade 14, 86
   física 14
   psíquica 14
Inveja 15, 33
Irmã 55, 68, 69, 72, 100,
   150, 185, 188, 197-202
Irmão e irmã 72
Irmãos 37, 54, 55, 56, 62,
   69, 84, 168, 184, 185,
   187, 188, 189, 190, 231
Isis 99, 100
   egípcia 99

Jocasta 20
Jovens 14-17, 70
Jung, C.G. 10, 20, 22, 31, 33,
   36, 43, 44, 87, 92, 94-97

Kafka, F. 208-212, 214, 215,
   217, 219, 220, 222-226

Laio 20
Leis do pai 211, 235
Lembrança 39, 40, 54, 58,
   93, 96, 144, 171, 185,
   199, 210
   complexada 209, 211
Ligação pai-filha 161
Limitação 56
Limites do eu 87
Livre-arbítrio 43

Lugar da mulher 22, 23
Luta contra o dragão 18
Luto 78, 94, 98, 100, 101,
   143, 221

Mãe
   concreta 19
   da morte 100, 180
   pessoal 16, 29, 41, 139,
     194
Mães
   devoradoras 19
   e pais sociais 238
Mãe Terra 97, 98
Mágoa 51, 204
Materno 18, 41, 46, 52, 70,
   81, 85, 94, 95, 206
   arquetípico 41, 94
Mecanismo de defesa 201
Medo
   da dependência materna
     primária 18
   da morte 61, 203
   da vida 165
   de separação 202
   de viver 186
Medo/ansiedade 13, 18, 19,
   29, 38, 40, 58, 60, 61, 92,
   93, 129, 156, 157, 163,
   165, 166, 168, 188, 191,
   202, 203, 204, 214, 235,
   244

Meio da vida 165
Memória episódica 36, 38, 39
Menina/garota 23, 24, 25, 30, 32, 63, 64, 68, 73, 90, 98, 136, 138, 163, 169, 232, 234
Menina interior 25
Metáforas 51, 244
Mito de Átis 98
Modos de comportamento 47, 64
Morte 21, 29, 30, 55, 65, 76, 77, 89, 93, 99, 100, 105, 124, 128, 131, 138, 176, 208, 227
do pai 21, 76
e vida 101, 176
Mulher maternal 33
Mundo
androcêntrico 26
do desempenho 196
do espírito 23
do pai 26, 194, 196, 213
espiritual 23
materno 150, 180
patriarcal 21, 90, 224

Não vivido 15, 30
Nascimento 29, 39, 140, 180
Natureza 71, 84, 97, 98, 125, 158, 210

dos complexos
originalmente negativos 213
Necessidade
de desenvolvimento 46, 102, 165
vital 36, 124
Necessidades físicas 13
Nível
coletivo 16, 172, 225
de desempenho 91, 226
relacional 172
Nódulo afetivo 38
Novo Testamento 178
Núcleo
arquetípico 36
de significado (arquétipo) 44

Objetividade 21
Objetivo
da terapia 65
do desligamento 27
Observação de recém-nascidos 11, 180
Odin ou Wotan 177
Ódio 29, 31, 32, 73, 220
O feminino 18, 19, 96, 224
O materno 18, 19, 96, 100
Oportunidade de viver 10, 43, 245
Oráculo 20

Oralidade 87
Ordem 69, 86, 143, 149,
   170, 175, 177, 178,
   180, 183, 201, 235, 244
   da lei do pai 177
Orientação 16, 181
Originalidade 25
Osiris 100, 101

Pai
   com complexo materno
      155, 156
   de tudo 178
   e mãe 15, 18, 28, 161
   Freud 20
Pais 15, 16, 17, 28, 40, 41,
   45, 48, 55, 62, 70, 76,
   90, 154, 187, 231, 232
   como pessoas 14
   concretos 40, 45
   e mães suprapessoais 16
   pessoais 16
Paisagem complexada 237
Papel
   da mulher 26, 166
   de filha 78, 81
   de filho 152
   de mãe 78, 81, 90, 95
   de pai 20, 25, 176, 189
   social 24
Papousek, M. 84
Paraíso materno 65

Participação 88, 89, 90, 93,
   101, 157, 183, 187, 188,
   204, 226, 227, 231, 236,
   242, 244
Passado 38
Passividade 26
Passo de desligamento 14, 28
Paterno 41, 47, 179, 210,
   238
   arquetípico 41, 182
   e materno 18, 47
Patriarca 12, 149, 175
Patriarcal 179, 182, 224
Pedagogia religiosa 16
Peito 61, 122, 222
Pensamento
   matriarcal 22
   patriarcal 77
Percepção 39, 41, 56, 230
Perda 15, 20, 55, 80, 82, 202
   de amor 15
Perséfone 98, 100
Perspectiva do futuro 38
Pesquisa de recém-nascidos
   84, 94
Pessoa de referência 19, 37,
   40, 42, 58, 83, 90, 123,
   181, 195, 238, 239
Plutarco 101
Poder das mulheres 29
Política 17, 179, 240
Posição
   da criança 14, 172

de filha 76, 235
de filho 239
de vítima 216
dos irmãos 242, 243
dos pais 15
Pós-puberdade 14
Postura
de compensação 204
de expectativa 38, 204
Potencial
de desenvolvimento 38
de fantasia coletivo 41
energético 43
Preservação da identidade 68
Pressão de desempenho 156
Primeira infância 37
Prisão 61
Problema
da mãe 27
de álcool 53, 71
de identidade 26, 90, 196
Problemas
da vida 43, 205
de autoestima 205
relacionais 73, 130, 156
Problemática
da adolescência 25
da separação 241
de identidade 196
de medo 164, 205
Processamento do complexo
materno 23

Processo
criativo 95
de desligamento 16
de luto 78, 79
de nascimento 240
Processos
de desenvolvimento 102
de desligamento 131
Produtividade criativa 21
Projeção 27, 29, 56, 182, 202
Projeto de vida 31, 34, 35
Proteção 56, 80, 110, 123,
184, 202, 220, 240
Psicanálise 20, 21, 22, 180
Psicologia
do desenvolvimento 92,
187
junguiana 10, 43, 44, 87
profunda 19
Puberdade 14, 18
Pulsão de viver 18, 180

Raiva 60, 79, 91, 98, 128,
177, 204, 233
Reação
complexada 57, 58
excessiva 47
Reações físicas 46
Reaproximação da mãe 34
Recém-nascido 37, 39, 84,
103, 180

Reconhecimento 150, 157, 225, 226, 227, 233, 236
do pai 232
Reconstrução do passado 38
Relação
analítica 66
com a mãe 27, 35, 47, 55, 56, 79, 80, 95, 131, 161, 203
com mulheres 19, 33, 63, 207
de casal 23
mãe-fillha 32, 34
maternal 235
pai-filho 20, 48, 67, 218
pai-mãe-filho 180
platônica 174
senhor-súdito 226
Representações simbólicas 43
Resignação 53
Responsabilidade 65
própria 92, 242
Rigorismo religioso 16
Rivalidade 17, 18, 68, 130, 187, 228
Rivalizar 163, 204, 227
Rupturas na identidade 26

Scarr, S. 28
Seca 29
Sensação(s)
de pertença 62
de prisão 65

físicas 44
oceânica 89, 153
Sensual 50, 72, 86
Sensualidade 16, 52
Sentimento 39, 42, 44, 215
de amor 62, 204
de culpa 92, 93, 130, 188, 240
- e vergonha 227
- latente 91
- primário 188
de nulidade 211
de raiva 53
do nós 83, 88, 217
Separação 26, 28, 31, 55, 62, 64, 65, 70, 77, 78, 80, 84, 89, 93, 101, 138, 144, 202
Ser
abandonado 57, 58
si mesmo 71, 92, 93
Seti 100, 101
Sexualidade 13, 18, 21, 56, 143, 187
dos adolescentes 18, 21
Silêncio 217
Simbiose 78, 92, 179, 180, 202, 203
mãe-filho 179
Símbolos 36, 42, 43, 46, 139
Si-mesmo 24, 25, 39, 62, 72, 80, 174, 187, 194, 204,

Filhas de pai, filhos de mãe

207, 224, 233, 235,
236, 243
bom 188, 243
feminino 224, 233, 235,
236
individual 81
nuclear 39
original 25
relacional 25, 81
ruim 203
Sintomas cardiofóbicos 196
Sistema
da participação 242
de pai e mãe 14
do desempenho 242
Situação
analítica 60
de complexo 41, 47, 56,
215
de cunhagem 37, 42
de rivalidade 226
de separação 24, 26
traumática 40
Socialização feminina 26
Sociedade androcêntrica 239
Solidão 63, 123, 172, 184,
187, 211, 213
Solidariedade com os pais 15
Soltar 84
Sombra 12, 15, 30, 75, 79,
82, 139, 141, 144
coletiva 15

do poder 140
separada 79
Sonhos 42, 56, 61, 62, 65,
77, 79, 243
Sono 108, 243
Stern, D. 39, 41, 42
Surtos de raiva 73

Tarefas de desenvolvimento
10, 166
Temática do desligamento
29, 241
Tendências
destrutivas 206
progressivas 18
regressivas 125, 126
Teoria(s)
de homens 19
do complexo 42
freudiana 21
Terapia 42, 49, 50, 53, 65,
67, 73, 79, 188, 191-193,
196, 203, 205, 231
de luto 79
Tipos de mulheres 81, 174
Tolerância à frustração 87
Trabalho relacional 175, 194
Traição 17, 62-64, 178
Transferência 20, 42, 43,
60, 164
Triângulo feminino 97
Tulving 39

União dual 31
Unidade indivisível 39
Útero 65
Utopia 38, 66

Valor próprio 89, 123, 130, 151, 165, 166, 171, 172, 205, 224, 242, 243
Ventre materno 54, 65
Vergonha e culpa 211
Vida e morte 93, 131
Vingança 218, 227
Vitalidade 13, 45, 130, 188, 205

Vítima/sacrifício 211, 216, 224
Vivência
de identidade 38, 68
do nós 59, 214, 215, 219, 235
e comportamento complexado 40

Werder 25
Wolf, C. 27

Zeus 98, 176

Assessoria: Dr. Walter Boechat

Veja todos os livros da coleção em

livrariavozes.com.br/colecoes/reflexoes-junguianas

ou pelo Qr Code

Conecte-se conosco:

f   facebook.com/editoravozes

⊙   @editoravozes

✕   @editora_vozes

▶   youtube.com/editoravozes

☎   +55 24 2233-9033

www.vozes.com.br

Conheça nossas lojas:

www.livrariavozes.com.br

Belo Horizonte – Brasília – Campinas – Cuiabá – Curitiba
Fortaleza – Juiz de Fora – Petrópolis – Recife – São Paulo

EDITORA VOZES LTDA.
Rua Frei Luís, 100 – Centro – Cep 25689-900 – Petrópolis, RJ
Tel.: (24) 2233-9000 – E-mail: vendas@vozes.com.br